AF358708

WIKIPEDIA

BELÉN BOVILLE

www.wikipedia.guiaburros.es

EDITATUM

Maquetación de interior: © EDITATUM

Primera edición: febrero de 2020

ISBN: 978-84-18121-12-8
Depósito legal: M-6071-2020

Si después de leer este libro, lo ha considerado como útil e interesante, le agradeceríamos que hiciera sobre él una **reseña honesta en Amazon** y nos enviara un e-mail a **opiniones@guiaburros.es** para poder, desde la editorial, enviarle **como regalo otro libro de nuestra colección.**

Este libro es el producto de la colaboración de un montón de editores de Wikipedia a lo largo y ancho de los días y del mapa. Desde Australia a Uruguay, desde la China a Estambul, y sobre todo entre los wikipedistas de habla hispana.

Mi deseo es aportar un poco de luz para todos aquellos que se han perdido en Wikipedia. Espero que esta guía les sea útil y se entreguen a la causa.

*Gracia es un momento preciso, te doy mi luz en este
instante porque tu me has dado la tuya.*

*Porque tu explicación, tu traslado, tu enlace y tu mano
han permitido que yo comprenda, que encuentre la
fórmula, que pueda recuperar lo perdido,
que vea el camino a seguir.*

*Gracias y gracia para todos los que me han ayudado en
esta vía procelosa de la edición en Wikipedia: desde el
primer wikipedista que me echó una mano y confió en mi,
AnselmiJuan a Jem, Millars, Montgomery, Banderas,
Laura Fiorucci, Bernard y tantos otros que olvido y que
me enseñaron lo que se podía y lo que no
se podía hacer en Wikipedia.*

*Gracias a la asociación Wikimedia España que va
creciendo poco a poco y que hacen todo lo posible por
extender el conocimiento sobre la edición en Wikipedia y
el prestigio de una enciclopedia universal y abierta.*

*Y gracias a todos los veteranos editores y a los
programadores que han permitido que lleguemos
hasta esta maravilla del conocimiento; algo que se va
construyendo poco a poco y mejorando poco a poco.*

Sobre la autora

 **Belén Boville** ha sido periodista durante años, escribiendo en los mejores diarios y revistas de España y publicando varios ensayos, guiones dramáticos y ficción. Durante la crisis, cuando cada día echaban a montones de periodistas a la calle, se dirigió intuitivamente a las redes sociales y desembarcó en la Wikipedia. Poco a poco y mediante el sistema de acierto/error, e imitando los procedimientos de los que sí conseguían editar en Wikipedia, fue conociendo sus reglas más intrincadas, aquellas que no están escritas en ningún lugar y que solo se descubren mediante el trabajo diario.

Es doctora en Geografía e Historia por la Universidad Complutense de Madrid, máster en Educación Ambiental por la Universidad Nacional a Distancia y postgrado en Gestión Empresarial y Dirección de Comunicación por el *IE Business School*. Ahora colabora con la Universidad de Alicante como profesora de Investigación y Recursos Digitales.

Índice

Capítulo I

Introducción a Wikipedia

Qué, por qué y para qué

Cuando te enfrentas por primera vez a la Wikipedia no sabes por dónde empezar. Con mucha paciencia vas siguiendo los tutoriales y descubriendo cómo funciona la Wikipedia. Cuando ya has practicado un poco y has hecho tus pinitos y entendido cómo va el proceso, te animas a crear tu primer artículo. Normalmente con una intención determinada, porque quieres escribir el artículo de un amigo, un cliente o una empresa.

Compruebas que el artículo que has redactado en tu ordenador cuenta con todas las características para estar en Wikipedia: se trata de un personaje relevante, de una organización o una película, tiene referencias porque ha salido varias veces en los diarios y está escrito de una forma neutral. Así que te animas a realizar el proceso y después de horas y horas aprendiendo a editar, y cuando ya te has decidido, le das a publicar. ¡Ha quedado precioso! Y en poco tiempo —menos de un día— tu artículo ha sido borrado o tiene un enorme aviso en rojo que dice que te lo borrarán en breve... Y entonces piensas:

¿Qué he hecho para que me borren?

Esta guía es para todos los que ya os habéis atrevido con la Wikipedia y no lo habéis conseguido. Es por tanto una guía para introduciros en un mundo digital apasionante y lleno de peligros.

Es una verdadera faena dedicar varios días a crear un artículo, otros muchos a leer los manuales de Wikipedia y otros tantos a volcar tu escrito en esta magnífica enciclopedia, y que te borren sin más.

Esta guía te permitirá entender de una manera clara y directa cómo funciona Wikipedia, y te dará los consejos necesarios para no meter la pata antes de ponerte a editar. Está orientada a todos los que quieren editar en Wikipedia y tener éxito, incluso si tu artículo es la biografía de una persona viva con cierta relevancia. Es un manual que te va a descubrir todas las reglas implícitas que solo se descubren cuando ya llevas tiempo editando. Una especie de caja de los tesoros o cajón lleno de secretos sobre el funcionamiento de la Wikipedia, sobre su uso práctico.

Como la Wikipedia tiene miles de normas y regulaciones, solo se pueden conocer después de mucho tiempo de experiencia práctica. Esta guía es un atajo; queremos mostrarte el camino correcto sin dar demasiadas vueltas y sin que tu frustración y enfado puedan más que tu deseo de convertirte en wikipedista.

Esta guía es útil para todos: para los profesionales y creadores, para los expertos en comunicación, *marketing* y periodismo, para los educadores y los miembros de ONG, para escritores, músicos, cineastas, abogados, médicos, profesores universitarios y de secundaria, y para investigadores de cualquier ciencia. También es útil para las agencias de comunicación, agencias de *marketing* y publicidad, para productoras de cine, agentes literarios y agentes artísticos, para editoriales y departamentos de comunicación de las grandes empresas. Para todos aquellos que tenéis interés en editar en Wikipedia con un propósito determinado, esta es vuestra guía.

¿Quiénes pueden estar en Wikipedia?

La Wikipedia es una enciclopedia digital y colaborativa del siglo XXI, y muestra todo aquello relevante de nuestro siglo. Si las enciclopedias de papel solo permitían un contenido limitado, la nueva enciclopedia tiene mucha mayor amplitud. Todos los profesionales que tengan un papel destacado o relevante en su campo pueden y deben estar en Wikipedia. Para ello es imprescindible que tengan referencias, que otras personas o medios de comunicación independientes hablen de ellos.

También pueden estar las organizaciones, instituciones o empresas que tengan relevancia, que sean un ejemplo de innovación o representen a una parte de la sociedad, sectores de la administración pública (ayuntamientos, diputaciones, organismos), servicios para el ciudadano, medios de comunicación, programas, aplicaciones digitales, etc. Lo más importante es que tengan relevancia, una razón para estar en Wikipedia y que haya referencias. Sin referencias es muy difícil estar en Wikipedia.

Capítulo II

Lo que debes saber antes de editar

Borrón y cuenta nueva

Si estás leyendo esta guía probablemente ya hayas hecho tus primeros pinitos en la Wikipedia e intentado crear un artículo, sin mucho éxito. Probablemente el artículo que te han borrado esté en alguna de estas categorías, y con mis indicaciones y tu trabajo constante lo intentes una segunda vez, en esta ocasión con éxito.

Quiero advertirte que muchos artículos que tienen relevancia y están bien escritos y con las suficientes referencias, son borrados porque los bibliotecarios detectan que la persona o editor que los escribe es un profesional, es decir, se dedica a escribir para otros a cambio de una remuneración. En otras ocasiones los artículos se borran porque existe un conflicto de intereses, es decir, el autor del artículo es una persona cercana al protagonista del artículo (o es ella misma).

Aunque parezca de locos, muchos periodistas, investigadores y académicos trabajan a cambio de una remuneración y no por ello dejan de ser "científicos" o "neutrales". Sin embargo, en la Wikipedia esto no está bien visto. Si los bibliotecarios o burócratas detectan que un mismo editor ha realizado varias biografías de personas vivas relevantes, probablemente —aunque estén bien hechas—

sean borradas con cualquier argumento peregrino, simplemente porque consideran que hay un conflicto de intereses (porque es un artículo hecho "de encargo" o "remunerado").

En la filosofía fundacional de Wikipedia está la idea del voluntariado; sin ella no sería posible una obra tan magna. Sin embargo, conozco a muchos editores veteranos con un montón de artículos "voluntarios" a sus espaldas y muchas horas de edición colaborativa, que trabajan para entidades (grandes empresas, instituciones, agencias de comunicación). Así que intenta descubrir todo lo que se puede hacer y no se puede hacer en Wikipedia, y a partir de aquí se abre un campo inmenso y apasionante.

Principales causas para el borrado de artículos

Promocional o publicitario

Problema: tu artículo está escrito como si quisieras venderle a alguien tu personaje, tu compañía, tu libro o invento. No hace falta. La mayoría de las veces simplemente relata lo que ha hecho esa persona sin echarle flores. No es el mejor empresario o poeta del mundo, ni tampoco la banda musical indiscutible del momento. Intenta ser lo más aséptico posible, sin utilizar adjetivos calificativos. Se trata de hablar de una persona, una empresa, servicio o institución que destacan, que tienen bastante relevancia y que han aparecido en los medios de comunicación. Simplemente descríbelo tal cual.

Posible **contenido** publicitario o autopromoción: el asunto o la redacción de este artículo o sección inducen a creer que debería ser borrado. Por favor, añade argumentos y referencias que permitan evaluar la relevancia del tema, revisa su redacción o edita el artículo, según corresponda. De no ser así, podría ser borrado en 30 días desde la colocación de este aviso. Por favor, no lo retires sin resolver el problema o consensuarlo previamente en la discusión. Puedes pedir ayuda en el programa de tutoría o preguntar en el Café. También puedes utilizar el asistente para la creación de artículos.

Copia el siguiente código en la página de discusión del autor: `{{subst:aviso promocional|David Muñoz (cineasta)}}` ----

Solución: cuando colocan esta etiqueta, dan un plazo de un mes para que el editor corrija estos defectos y mejore el artículo. No todo está perdido, puedes solicitar la ayuda de otros editores que lo harán con mucho gusto y probablemente tu artículo pueda ser salvado de la quema. Debes ponerte en contacto con el editor que ha puesto ese aviso; también puedes intervenir en la **"Discusión"** del artículo y añadir tus razonamientos. También puedes ir al IRC Chat Canal de Ayuda (Atajo WP:IRC) Accedes a él clicando en el portal de la comunidad (lista de menús a la izquierda de cualquier página, bajo el símbolo de la esfera de Wikipedia). De cómo acceder a todo esto te enterarás leyendo esta guía.

Falta de relevancia

Problema: el artículo está bien escrito, pero para algunos editores más veteranos y con responsabilidades, tu personaje o tema no tiene la importancia que ellos consideran necesaria para estar en Wikipedia.

He visto decenas de artículos que tienen esta etiqueta y que sin embargo corresponden a profesionales como la copa de un pino, profesores universitarios con varios libros y premios, empresarios que han tenido importantes puestos ejecutivos en compañías multinacionales, artistas o escritores con bastante obra. El problema, casi siempre, está en el procedimiento o en el editor que ha realizado el artículo, que muchas veces no ha hecho ninguna otra edición en otros artículos. Para vencer este obstáculo hay que intentar que otros editores te ayuden editando en ese artículo.

Ten en cuenta que la filosofía y el éxito de la Wikipedia se deben a que es un trabajo colaborativo, una enciclopedia hecha por todos.

Artículo o sección sin relevancia *enciclopédica* aparente: el asunto o la redacción hacen pensar que debería borrarse. Por favor, añade argumentos o edita el artículo, basándote en referencias a fuentes fiables e independientes. De no ser así, podría ser borrado en 30 días desde la colocación de este aviso. Por favor, no lo retires sin resolver el problema o consensuarlo previamente en la discusión. Puedes pedir ayuda en el programa de tutoría o preguntar en el Café. También puedes utilizar el asistente para la creación de artículos. Este aviso fue puesto el 28 de noviembre.

Copia el siguiente código en la página de discusión del autor: {{sust:aviso sin relevancia|Mamen Márquez}} ----

Solución: si te han puesto esta etiqueta, tienes un mes para subsanar tu problema. Debes conseguir toda la información posible de ese profesional u organización y las referencias correspondientes que estén publicadas en medios de comunicación independientes del protagonista del artículo (no su página web); también puedes y debes pedir ayuda a otros editores que puedan estar interesados por esa temática. Ellos te ayudarán a mejorar el artículo, y si vale la pena también te apoyarán en el apartado **"Discusión"**, que aparece en todos los artículos, defendiendo tu artículo para que no sea borrado.

Conflicto de intereses

Problema: muchos artículos son borrados sin más (sin que te den posibilidad de enmienda o de mejorar el artículo) porque no son neutrales. Es decir, la persona que escribe el artículo (el editor en este caso) es la misma persona a la que se dedica el artículo. Por lo que, si vas a escribir sobre ti mismo porque eres un profesional relevante (arquitecto, escritor, actriz o alta ejecutiva de una empresa) debes crear una cuenta de editor que no contenga tu nombre o apellido; es decir, que no se pueda relacionar al autor con el protagonista del artículo. Igualmente, si vas a escribir sobre una compañía o un servicio, no se te ocurra poner el nombre de tu empresa o el de tu marca comercial. Todos estos artículos son borrados automáticamente porque se considera que existe un conflicto de intereses, es decir, que no son neutrales ni independientes.

Se ha propuesto el **borrado** de esta página en 7 días a partir de la fecha original de este aviso por el motivo siguiente:

Articulo creado con fines electorales

- Si puedes solucionar el problema que se señala mejorando la página, por favor, edítala y hazlo.
- Puedes retirar este aviso si mejoras la página o si no estás de acuerdo con el borrado por alguna razón. Para evitar confusiones, sería muy conveniente que explicases por qué estás en desacuerdo con el borrado en la página de discusión.
- Luego de ser solucionados los problemas del artículo, al retirar la plantilla, no debe ser repuesta.

Esta plantilla se añadió el **10 de enero de 2020**. La página puede ser borrada, pues este mensaje se puso hace más de 7 días. Si creaste esta página, por favor, no te ofendas. Valora la posibilidad de mejorar el artículo para introducir las mejoras pertinentes.

Notifica al autor con esta plantilla: {{sust:Aviso propb|Manuel José Correa Silva}} ~~~~

Instrucciones

Artículo o sección sin relevancia *enciclopédica* aparente: el asunto o la redacción hacen pensar que debería borrarse. Por favor, añade argumentos o edita el artículo, basándote en referencias a fuentes fiables e independientes. De no ser así, podría ser borrado en 30 días desde la colocación de este aviso. Por favor, no lo retires sin resolver el problema o consensuarlo previamente en la discusión. Puedes pedir ayuda en el programa de tutoría o preguntar en el Café. También puedes utilizar el asistente para la creación de artículos. Este aviso fue puesto el 29 de noviembre.

Copia el siguiente código en la página de discusión del autor: {{sust:aviso sin relevancia|Manuel José Correa Silva}} ~~~~

Solución: crea otra cuenta de editor nueva, con un nombre que no pueda estar relacionado con el artículo en cuestión, haz muchas ediciones en otros artículos y vuelve a intentarlo; pero, por favor, antes de ello léete esta guía para no cometer otro error tan importante, pues te iremos contando poco a poco cómo hacerlo bien.

Plagio o copia

Problema: algunos artículos son una copia exacta de la página web del protagonista del artículo, sea un profesional, una empresa o una organización. Los bots o robots de programación de la Wikipedia detectan automáticamente los fragmentos de texto copiados íntegramente de Internet y proceden a su borrado.

PLAGIO

Se ha marcado esta página **para ser borrada**, ya que contiene un texto copiado de una fuente reconocida violando sus derechos de autor.

Uso de esta plantilla: `{{plagio|1=origen del texto|2=----}}`

El texto de este artículo aparece en: {{{1}}}.

Por favor, notifica al autor de esta página pegando en su discusión lo siguiente: `{{sust:Aviso destruir Plantilla:Plagio|plagio}}` ----

Robot o usuario que reporta: {{{2}}}

Solución: prepara bien tu artículo con antelación, redactando adecuadamente y de forma original el texto que vas a presentar, con las referencias correspondientes. Puedes hacerlo en tu taller, la página de pruebas que tienen todos los editores de Wikipedia, y luego crear el artículo o trasladarlo. Más adelante te lo contamos con más detalle.

Consulta de borrado

Problema: tu artículo ha recibido un aviso por el que se te abre una especie de juicio o consulta para que entre todos los editores se decida si tu artículo vale la pena. Normalmente se pone este tipo de etiquetas a artículos que se han saltado varias normas de forma repetida. Por ejemplo, si previamente han borrado tu artículo y vuelves a intentar editarlo a las buenas, cambiando un poco el nombre o con otro editor. Hay que evitar llegar a una consulta de borrado porque luego es muy difícil recuperar un artículo.

Solución: crear el artículo con una redacción diferente, mejorada, e intentar que sea repuesto por un bibliotecario, que son los responsables máximos de los editores y los que tienen poder para hacer y deshacer artículos en Wikipedia. Por ello debes tener buenos argumentos, y además debes haber colaborado en otros artículos. Es bastante difícil recuperar un artículo que ha sido borrado mediante consulta de borrado.

Radiografía de un artículo

Muchas veces nos disponemos a crear un artículo sin apenas saber nada, con el asistente de artículos o simplemente aprendiendo a editar código o con el **"Editor visual"**, desconociendo todas las posibilidades que nos brinda la Wikipedia y su filosofía última, la edición conjunta y colaborativa.

Es importante conocer las partes de una página de artículo para saber qué podemos hacer cuando nos han borrado o nos van a borrar, y las herramientas que tenemos para defender el artículo.

Lo principal es conocer la estructura de un artículo, es decir, de cualquier página que abras en Wikipedia y que no sea la portada o alguna página especial.

En este capítulo te explicamos las partes del artículo, y de una manera muy ligera cómo se edita. Más adelante, en la **tercera parte**, se explica con todo detalle el proceso de editar, pero es muy importante que veas todo esto antes, para conocer la estructura y funcionalidades ocultas de la Wikipedia.

Penélope Cruz

Penélope Cruz Sánchez (Alcobendas, Madrid; 28 de abril de 1974)[1] es una actriz y modelo española ganadora de un Óscar. Su filmografía incluye múltiples películas en lengua española y otros idiomas: inglés, italiano y francés. Varias de estas producciones han alcanzado gran éxito en Europa y América, y han proporcionado a la actriz otros premios de carácter nacional e internacional: tres Premios Goya, el Premio BAFTA, el Premio David de Donatello y el Premio Donostia.

En 2006 fue la primera actriz española candidata a los Premios Óscar y a los Globos de Oro en la categoría de mejor actriz protagonista, por su papel en la película española *Volver*, dirigida por el cineasta español Pedro Almodóvar; en esa ocasión no obtuvo el Óscar, pero en el año 2009 se convirtió en la primera actriz española en conseguir el Óscar como mejor actriz de reparto gracias a la película *Vicky Cristina Barcelona* dirigida por Woody Allen.[2][3] Con esta película ganó además el premio BAFTA, su tercer Goya, y fue nominada a los Globos de Oro y al Premio del Sindicato de Actores. Penélope volvió a ser nominada al Óscar como mejor actriz de reparto de 2009 por su papel en *Nine*.

En 2018 recibió Medalla de Oro al Mérito en las Bellas Artes, concedida por el Gobierno de España.[4] En 2019 recibirá el Premio Donostia y será el rostro identificativo del 67 Festival de cine de San Sebastián.[5]

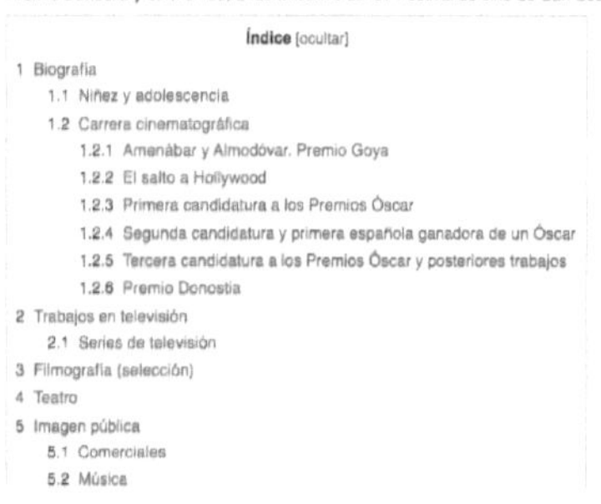

Índice [ocultar]

Penélope Cruz

Cruz en los Premios Goya 2018

Información personal	
Nombre de nacimiento	Penélope Cruz Sánchez
Nacimiento	28 de abril de 1974 (45 años) Alcobendas, España
Residencia	Madrid
Nacionalidad	Española
Características físicas	
Altura	1,68 m
Ojos	Marrón oscuro
Cabello	Castaño
Familia	
Cónyuge	Javier Bardem (matr. 2010)

Artículo en sí

Es todo lo que ves publicado, con sus distintas secciones, y que ha sido creado por varias personas, un primer editor y luego editores colaboradores y programas bot (o robot). Todo lo que aparece escrito externamente en el artículo, con sus enlaces, referencias y categorías. En la redacción de todo artículo tiene que aparecer básicamente lo siguiente:

— **Nombre del artículo en negrita** (fecha y lugar de nacimiento/fallecimiento si se trata de una persona) y breve descripción de quién es o qué es de lo que vas a hablar, es decir, el contexto. Recomiendo un máximo de tres o cuatro líneas.

— **Desarrollo** del artículo en uno o varios apartados, con sus títulos correspondientes.

— **Referencias** del artículo, donde se hace una lista con las notas a pie de página.

— **Enlaces externos** a la página web oficial de la persona o institución.

— **Categorías**: son las etiquetas de clasificación del artículo.

"Discusión"

Todos los artículos tienen una pestaña que nos permite ver los entresijos del propio artículo: lo que dicen los editores sobre ese artículo, desde el mismo creador o creadora hasta las personas que participan en él.

Aquí es donde aparecen las propuestas para mejorar el artículo o las protestas de las personas cuyas ediciones en el propio artículo han sido borradas.

Igualmente, si algún editor con responsabilidad (bibliotecario, burócrata, etc.) te ha puesto una etiqueta de aviso, normalmente es en la **"Discusión"** donde te explican con más detalle los problemas que tiene el artículo.

Si tienes que defender un artículo u opinar acerca de él, este es el lugar donde debes escribir. Para ello debes clicar en **"Discusión"** y luego en **"Editar código"**. En la **"Discusión"** de los artículos y la **"Discusión"** de los editores solo se puede escribir con el sistema de código (no hay edición visual).

Cualquier texto que crees nuevo en una **"Discusión"**, debe ir firmado. Esto se hace clicando en el símbolo de firma, que está ubicado en el tercer lugar empezando por la izquierda de la banda azul que está sobre la zona de escritura.

- Por favor, **no olvides firmar tus comentarios** escribiendo cuatro virgulillas (~~~~) o haciendo clic en el botón.
- Para añadir sangría o niveles en la discusión, inserta dos puntos (:) antes de tu comentario.
- Si quieres introducir nuevos temas, debes agregarlos al **final de la página**; haz clic aquí para agregar un nuevo tema.
- **¿Eres nuevo en Wikipedia?** ¡Bienvenido! Consulta las preguntas frecuentes.

Normalmente, cuando alguien escribe en la **"Discusión"** de un artículo del que eres autor, automáticamente surge una alerta roja en tu campanita de editor, en la parte superior de la página. Lo veremos inmediatamente en la radiografía del editor.

Para ponerte en contacto con cualquier editor, sea un bibliotecario responsable o un editor normal, debes escribir en su página de **"Discusión"** personal o en la página de **"Discusión"** del artículo del que estás opinando o en el que quieres colaborar.

Leer: la pestaña "Leer" se activa automáticamente cuando se abre la pestaña "Artículo".

Editar código

Al clicar esta pestaña se abre el artículo para que pueda ser editado. Mediante el sistema **"Editar código"** entras en una forma de edición más difícil y lenta, que requiere el conocimiento de muchas herramientas y formatos de edición. Si ya eres un editor avanzado conocerás bien el sistema; si eres novato, es preferible que utilices el sistema de edición visual que se activa al clicar en la pestaña **"Editar"**.

También puedes cambiar de **"Editar código"** al **"Editor visual"** clicando sobre el símbolo de lápiz que hay en la parte superior izquierda.

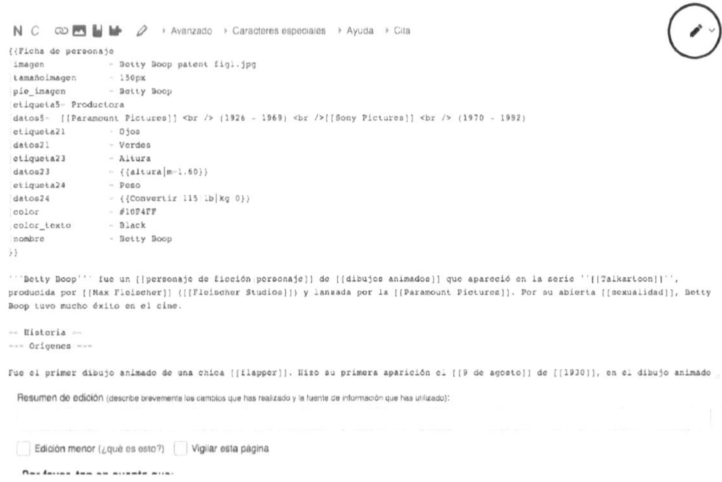

Al clicar en esta pestaña se abre el **"Editor visual"**, que es mucho más fácil. Puedes poner el ratón en el párrafo en el que quieres intervenir y escribir. Luego marcas la palabra o palabras para darles formato (negrita, cursiva, etc.), enlazar y citar. También puedes crear los párrafos de título, subtítulo, etc.

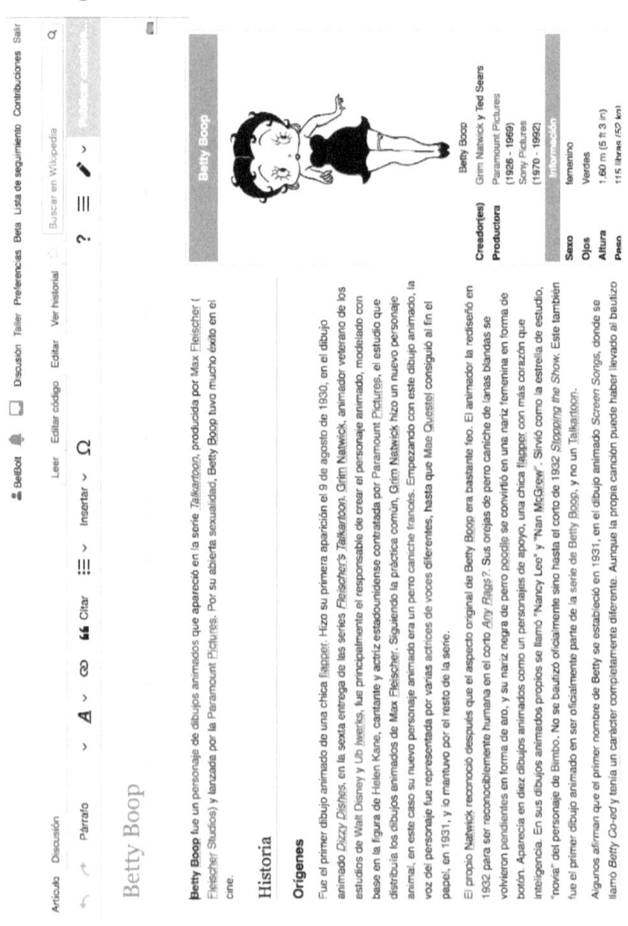

Todas las páginas se pueden editar también en tu taller (donde debes hacer todo tipo de pruebas antes de animarte a editar), y así aprendes a manejarte bien en la Wikipedia.

Para terminar tu trabajo de editar, cuando ya creas que ha quedado todo bien, debes clicar arriba a la derecha, en **"Publicar cambios"**, y escribir sintéticamente lo que has hecho o revisar tus cambios, antes de clicar de nuevo en **"Publicar cambios"**.

Ver historial

Este es un apartado muy importante. Al abrir esta pestaña vemos el historial de un artículo, todos los editores que han intervenido en él desde que el artículo se creó. Cada edición (cada vez que le damos a **"Publicar cambios"**) queda reflejada en este historial.

Como verás al abrirlo, aparece un listado con una casilla que se puede marcar, una fecha, el nombre de un editor (o una IP anónima), y después del nombre de cada editor y entre paréntesis: (discusión-contribuciones).

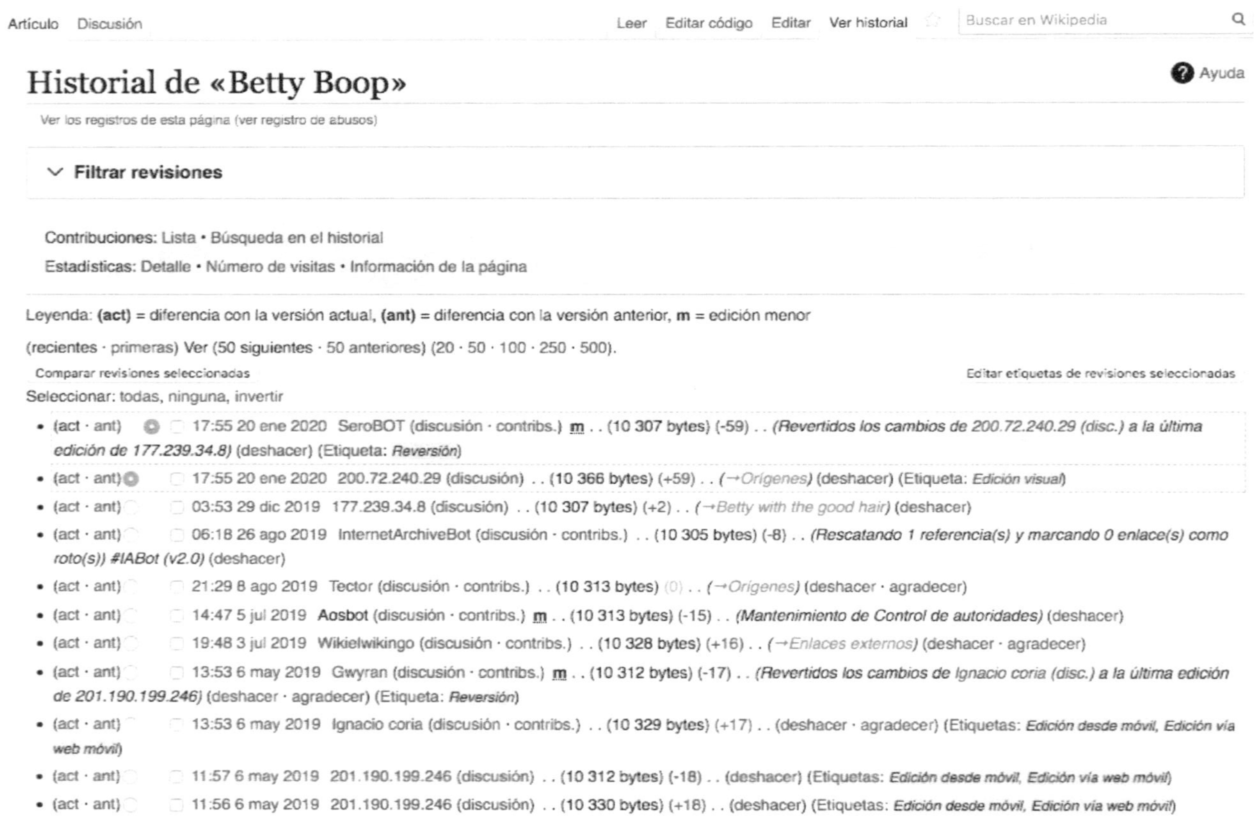
Artículo Discusión Leer Editar código Editar Ver historial Buscar en Wikipedia

Historial de «Betty Boop»

Ayuda

Ver los registros de esta página (ver registro de abusos)

Filtrar revisiones

Contribuciones: Lista • Búsqueda en el historial

Estadísticas: Detalle • Número de visitas • Información de la página

Leyenda: **(act)** = diferencia con la versión actual, **(ant)** = diferencia con la versión anterior, **m** = edición menor

(recientes · primeras) Ver (50 siguientes · 50 anteriores) (20 · 50 · 100 · 250 · 500).

Comparar revisiones seleccionadas

Editar etiquetas de revisiones seleccionadas

Seleccionar: todas, ninguna, invertir

- (act · ant) 17:55 20 ene 2020 SeroBOT (discusión · contribs.) **m** . . (10 307 bytes) (-59) . . *(Revertidos los cambios de 200.72.240.29 (disc.) a la última edición de 177.239.34.8)* (deshacer) (Etiqueta: *Reversión*)
- (act · ant) 17:55 20 ene 2020 200.72.240.29 (discusión) . . (10 366 bytes) (+59) . . *(→Orígenes)* (deshacer) (Etiqueta: *Edición visual*)
- (act · ant) 03:53 29 dic 2019 177.239.34.8 (discusión) . . (10 307 bytes) (+2) . . *(→Betty with the good hair)* (deshacer)
- (act · ant) 06:18 26 ago 2019 InternetArchiveBot (discusión · contribs.) . . (10 305 bytes) (-8) . . *(Rescatando 1 referencia(s) y marcando 0 enlace(s) como roto(s)) #IABot (v2.0)* (deshacer)
- (act · ant) 21:29 8 ago 2019 Tector (discusión · contribs.) . . (10 313 bytes) (0) . . *(→Orígenes)* (deshacer · agradecer)
- (act · ant) 14:47 5 jul 2019 Aosbot (discusión · contribs.) **m** . . (10 313 bytes) (-15) . . *(Mantenimiento de Control de autoridades)* (deshacer)
- (act · ant) 19:48 3 jul 2019 Wikielwikingo (discusión · contribs.) . . (10 328 bytes) (+16) . . *(→Enlaces externos)* (deshacer · agradecer)
- (act · ant) 13:53 6 may 2019 Gwyran (discusión · contribs.) **m** . . (10 312 bytes) (-17) . . *(Revertidos los cambios de Ignacio coria (disc.) a la última edición de 201.190.199.246)* (deshacer · agradecer) (Etiqueta: *Reversión*)
- (act · ant) 13:53 6 may 2019 Ignacio coria (discusión · contribs.) . . (10 329 bytes) (+17) . . (deshacer · agradecer) (Etiquetas: *Edición desde móvil, Edición vía web móvil*)
- (act · ant) 11:57 6 may 2019 201.190.199.246 (discusión) . . (10 312 bytes) (-18) . . (deshacer) (Etiquetas: *Edición desde móvil, Edición vía web móvil*)
- (act · ant) 11:56 6 may 2019 201.190.199.246 (discusión) . . (10 330 bytes) (+18) . . (deshacer) (Etiquetas: *Edición desde móvil, Edición vía web móvil*)

Esta información (**"Discusión"**-contribuciones) nos permite acceder directamente al editor con el que queremos contactar, porque —por ejemplo— ha realizado una edición con la que no estamos de acuerdo; o simplemente porque queremos saber quién es ese editor (clicando sobre su nombre), y así enterarnos de si es bibliotecario o es un editor normal y de cuáles son sus gustos y preferencias; o conocer sus contribuciones, editando en otros artículos, y las fechas en las que lo ha editado.

Así podemos saber si está activo y si hay probabilidades de que nos conteste en breve.

Si clicas en las contribuciones de un editor cuya última edición fue en 2016 es probable que nunca te conteste, pero si lo haces en uno que ha escrito hace una hora es más fácil entrar en contacto con él. El historial te da muchísima información sobre los artículos y los editores que han participado en el mismo.

Estrellita: si la marcas, añades un artículo a tu lista de seguimiento, y si hay cualquier cambio te avisan en la sección de alarmas (no es importante).

Más ⌄

producida por Max Fleischer
ty Boop tuvo mucho éxito en el

Al clicar en este espacio se abre una pestaña que dice
"Trasladar". Esta es una función muy importante, que
nos permite crear un artículo desde nuestro taller al
espacio principal. Esta tecla solo se activa si eres editor
autoconfirmado, es decir, si has abierto una cuenta de
editor que tiene una antigüedad de más de cuatro días
y si has hecho más de cincuenta ediciones.

La posibilidad de "trasladar" tiene muchas ventajas.
Además, mediante este sistema puedes crear un artículo en tu taller (lo veremos más adelante) y pedir
a otros editores que te ayuden. Esta colaboración se
hace en el taller, sin que se haya publicado todavía el
artículo. Cuando ya tienes el apoyo de varias personas
y consideras que el artículo está terminado, lo puedes
"trasladar".

Al clicar sobre "Trasladar" se abre un menú que te permite "renombrar" la página. Si hasta ese momento había sido tu taller, ahora le darás el título del artículo que quieres crear en el menú "Trasladar página" que se despliega. En el espacio de "Título nuevo", marcarás "Principal", y en el espacio contiguo escribirás el nuevo título de tu artículo, exponiendo el motivo para el traslado (he creado un artículo nuevo de un actor famoso o lo que sea). Todo esto se explica con imágenes en la **tercera parte**.

Asegúrate muy bien de que es el título adecuado (exactamente el que quieres, con las tildes correspondientes, etc.), finalmente clica sobre "Trasladar la página", y tu artículo se habrá creado de una forma bastante directa, sin tener los exhaustivos controles de las nuevas páginas.

Radiografía del editor

Es muy importante que conozcas todas las posibilidades que tienes como editor después de haber creado una cuenta nueva, y también las diferentes categorías de editor que existen (bibliotecarios, burócratas…). Veamos primero la imagen y luego las distintas pestañas de función.

Nombre del editor

Primero aparece el nombre del editor (o usuario), en este caso "Aquamiel". Cuando acabas de abrir una nueva cuenta todo está por estrenar, por lo que los distintos apartados aparecerán de color rojo. La mayoría de los editores novatos o principiantes dejan en rojo su nombre (sin editar nada en su página de usuario), y también sus espacios personales de **"Discusión"** y taller.

Si no quieres llamar demasiado la atención (porque tu nombre de editor y tu espacio de **"Discusión"** y de taller están en rojo), es mejor que empieces a editar estas páginas. Simplemente con que escribas una palabra en ellas ya se desmarca el color. Aun así, es muy positivo que definas quién eres (no pongas nunca tu nombre personal ni nada que te pueda identificar), tus gustos o preferencias, qué temáticas te interesan, etc.

Cuando abres el menú de tu página de usuario puedes crear texto y también incorporar imágenes de Wikimedia Commons y/o Userboxes. Estas *userboxes* son pequeñas etiquetas que describen a los editores, tanto si le gustan los deportes, el cine, las hamburguesas como si son ateos o viajeros. Hay un menú completo para todo tipo de gustos, que se desplegará si en la caja de búsquedas (que está en la misma línea y a la derecha de Wikipedia) escribes "Wikipedia: Etiquetas de usuario". [Atajo: WP:EU]

Usuario:Userbox/Localización/España

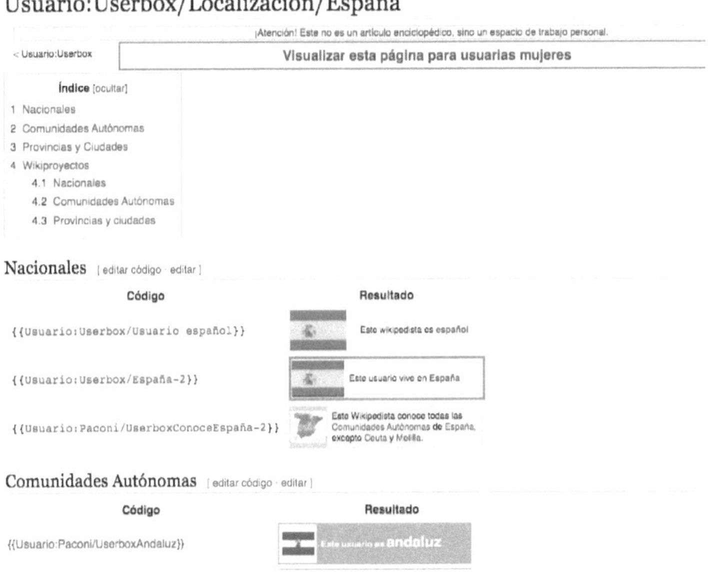

Una forma fácil de crear tu página de usuario es copiar la de algún editor que te guste. Clicas en su página de usuario y luego en **"Editar código"**; seguidamente seleccionas lo que te gusta y lo pegas en tu página de usuario, también con la modalidad **"Editar código"**.

Finalmente lo adaptas a tus datos, revisas los cambios y publicas la página.

Alerta o campanita

Todos los avisos importantes llegarán a este espacio. La campanita será roja cuando alguien te haya puesto un aviso importante. Normalmente te avisan cuando alguien escribe en tu página de **"Discusión"**, o en la **"Discusión"** de algún artículo que has creado o donde has intervenido.

Buzón de notificaciones

Aquí se conservan todas las notificaciones (no son importantes) que te hace de forma automática la Wikipedia.

"Discusión"

Este espacio es tu espacio personal donde recibes los mensajes de otros editores, donde te dicen si lo estás haciendo bien o mal o si quieres participar en la edición de otros artículos o en cualquier otra cuestión; es como tu muro.

En la **"Discusión"**, todas las personas que escriban deben dejarte su firma, de tal manera que puedas entrar en contacto con esa persona y dejarle después un mensaje en su propio espacio de **"Discusión"**.

Taller

Es tu espacio de trabajo personal. En tu taller puedes escribir todo lo que quieras, pero se trata de un espacio para trabajar los artículos que luego publicarás; por eso se llama taller. Debes escribir debajo de la plantilla.

Si ya tienes un tema sobre lo que escribir, primero comprueba que el artículo no haya sido creado previamente. Para ello simplemente tienes que escribir correctamente el artículo en la caja de búsqueda.

Si vas a escribir un artículo sobre una persona viva, tienes que redoblar tus precauciones. Lo principal es que esa persona sea relevante y tenga referencias. Esto es imprescindible.

Si has escrito un artículo en tu taller puedes ir perfeccionándolo poco a poco. También puedes dejarlo sin terminar para que alguien te ayude. Para ello tienes que encontrar a un colaborador que esté dispuesto a leer lo que has escrito y a echarte una mano.

Esto es muy positivo, porque la Wikipedia es una enciclopedia colaborativa, y está muy bien visto que distintas personas intervengan en distintos artículos. Antes de publicar (o trasladar tu artículo desde el taller), te animo a que busques colaboradores. Sus publicaciones aparecerán siempre en el historial de tu nuevo artículo, favoreciendo su éxito y entorpeciendo el posible borrado.

Preferencias

Aquí puedes ver el número de ediciones que has realizado. También puedes asociar tu cuenta de editor a un correo electrónico (o no) y establecer herramientas como el corrector ortográfico o de desambiguaciones (además de otras muchas herramientas muy sofisticadas), pero todo eso lo podemos dejar para mucho más adelante, cuando seas un wikipedista con muchísima experiencia.

Beta

Permite activar otras herramientas para los editores avanzados. Te permite activar la herramienta de "Traducción de contenidos" que te facilitará la traducción automática desde artículos de la Wikipedia en otros idiomas.

Lista de seguimiento

Sirve para controlar y seguir los artículos que te interesen o en los que estás participando.

Contribuciones

Este apartado es muy importante. Aquí aparecen todas las contribuciones que has hecho con las fechas de los mismos en los distintos artículos en los que has participado.

Cualquier persona también puede ver en qué artículos has trabajado o los artículos que has creado en esta sección. Como junto al nombre de cada editor aparece entre paréntesis su **"Discusión"** y contribuciones —fulanito (discusión-contribs)— siempre puedes saber bien cómo es este editor (si es amigable, si vandaliza o si es muy duro y exigente) clicando sobre sus contribuciones y también sobre su **"Discusión"**.

Tipos de editores

Esto es importante que lo conozcas, porque vas a entrar en contacto con muchos editores a los que no conoces de nada y con los que vas a tener relación, unas veces satisfactoria y otras tormentosa, como cuando te borran un artículo en el que llevas dos semanas trabajando.

A todos los que editan en la Wikipedia se les conoce como wikipedistas, pero también como "usuarios". Yo prefiero denominarles a todos "editores", pero cuando quieres buscar a un editor determinado, tendrás que colocar en la caja de búsqueda lo siguiente:

"Usuario: Nombre del usuario"
Ejemplo: "Usuario: Dimartz"

Usuario:Deeyuso

 Este wikipedista es español

Sobre mí [editar código · editar]

Ante todo daros la bienvenida a mi página de usuario, soy un joven español aficionado entre otras cosas a compartir mis conocimientos en la medida de lo posible con esta enciclopedia gratuita y accesible para todos. También me gusta investigar e informarme a cerca de algunos temas sobre los cuales no hay articulos en Wikipedia para luego crearlos, como pueden ser personajes históricos olvidados por el tiempo, títulos nobiliarios, construcciones singulares o lugares de la geografía española.

Algunas Contribuciones [editar código · editar]

Contribuí activamente en la redacción de los siguientes artículos: Avilés, Costas de España, Centro Cultural Internacional Oscar Niemeyer, Leonor de Borbón, Letizia Ortiz, Palacio de Ferrera, Palacio de Llano Ponte, Palacio de Valdecarzana, Puerto de Avilés, Plazas de Soberanía, Raíces Nuevo, Ría de Avilés, Roby Gattiker y Playa de San Juan de Nieva.

Artículos que he creado:

- Autoridad Portuaria de Avilés
- Hard Rock Entertainment World
- Jubileo de Zafiro de Isabel II
- Silene Tomentosa
- Tina de Jarque
- Inna Modja
- Isla Fogo
- Marquesado de Ferrera
- Montañas de Asturias
- Museo de Avilés
- NERIT
- Palacio de Ferrera
- Rhizostoma Luteum
- Universidad de Aviñón
- Parque de Ferrera
- Playa de Arnao
- Playa de Santa María del Mar
- Playa de Salinas
- Pinar de Salinas
- Senda del Río Raíces

Artículos en desarrollo:

- Artesanía de España
- Parque de Invierno

Categoría: Wikipedia:Wikipedistas de España

Siempre que quieras conocer de una manera rápida a qué grupo pertenece un editor o usuario, simplemente clica en su nombre y se abrirá su página de usuario, donde puede haber mucha información sobre ese editor.

Una manera rápida de saber qué tipo de editor es, lo consigues clicando sobre su nombre y luego clicando sobre el menú o lista que se encuentra a la izquierda de su página, en Herramientas. Ahí clica en "Ver los grupos del usuario".

Veamos entonces los distintos tipos de editores de mayor a menor importancia:

Bibliotecarios

Son los máximos responsables o la máxima autoridad. Son los únicos que pueden borrar o restaurar páginas, editar páginas protegidas, bloquear y desbloquear direcciones IP, usuarios registrados, páginas, etc. También pueden verificar ediciones y páginas nuevas, revertir ediciones y hacer cualquier gestión, buena o mala.

Tienen mucho poder. Algunos son implacables, otros son más accesibles. Intenta evitar a los más duros y buscar la colaboración de los más cercanos o de los que editan en una temática que controlas.

Hay varias formas de comunicarse con ellos. Una forma directa de entrar en contacto y pedirles ayuda de una manera discreta es mediante el chat o canal de ayuda (abriendo el portal de la comunidad, en el menú de la izquierda).

Wikipedia:Canal de IRC

Esta página intenta explicar cómo conectarte al **canal de IRC** de la Wikipedia en español para poder participar más activamente en la Wikipedia y que otros wikipedistas puedan ayudarte a solucionar los problemas que te puedas encontrar. Si quieres, puedes conectarte directamente y entrar en el canal de ayuda⬚, o en el **canal principal**⬚, poniendo tu Nombre de usuario en la casilla de nick. Una vez dentro deberías ver en la parte inferior de la página un cuadro para escribir el mensaje, que se envía pulsando Enter. Se usa KiwiIRC como cliente por defecto.

Atajo
WP:IRC

Índice [ocultar]

1 Sobre IRC
2 ¿Cuál es la relación del IRC con Wikipedia?
3 Funcionamiento y comportamiento
4 Conectarse a la red IRC
   4.1 Entrar directamente desde el navegador
   4.2 Entrar con un cliente IRC
      4.2.1 Obtener un cliente IRC
      4.2.2 ChatZilla
      4.2.3 Colloquy

Referencia rápida

Red	Freenode
Servidor	chat.freenode.net⬚
Canal principal	#wikipedia-es ^{entrar}
Canal de ayuda	#wikimedia-ayuda ^{entrar}

Los gatos también se conectar al IRC. ¡Quienquiera es bienve

En este chat siempre te contestan y te ayudan de forma muy cordial. Es más directo y rápido que hacer una solicitud en el tablón de bibliotecarios, que puede tardar semanas. La ayuda del chat es muy útil ante las dudas y antes de la publicación. Tardan un rato en contestar (de 5 a 15 minutos), pero merece la pena.

Si tu problema es que ya te han borrado o tienes dificultades, es mejor ponerlo en el tablón de anuncios de los bibliotecarios o en el café.

También te puedes comunicar directamente con un bibliotecario simplemente entrando en su **"Discusión"**, y solicitando aquello que necesitas o lo que quieras comentar.

Burócratas

Son los que eligen a burócratas, bibliotecarios y a todas las demás categorías. También tienen mucho poder; si puedes conseguir su colaboración en tu artículo, será muy útil.

Igual que ocurre con los bibliotecarios, puedes ponerte en contacto con ellos clicando en su página de **"Discusión"**, que siempre está pegada a su nombre.

Bots o robots

Son sistemas automatizados de control y mejora. Son editores programados por un editor que los controla.

Verificadores y autoverificados

Son aquellos que controlan los cambios recientes y las páginas nuevas, y los que ponen las etiquetas de "promocional", "no relevante", "plagio", "necesita referencias", "necesita repaso de ortografía y gramática", etc. Suelen ser patrulleros de páginas nuevas y de los cambios recientes.

Al igual que los anteriores editores, puedes entrar en contacto con ellos en sus páginas de **"Discusión"**. Muchos de ellos colaboran y ayudan a los novatos en sus nuevos artículos; si consigues su colaboración, tus nuevos artículos tendrán éxito.

Reversores

También pueden revertir las ediciones de forma automática, pero estas deben ser claramente ediciones vandálicas o haber sido realizadas por editores que tienen un propósito exclusivo y solo editan en un determinado artículo.

Todos ellos pueden marcar las páginas para que sean borradas por un bibliotecario.

Confirmados y autoconfirmados

Son los editores cuyas cuentas tengan más de cuatro días y hayan realizado cincuenta ediciones o más. Pueden editar en páginas semiprotegidas y trasladar artículos o cambiarlos de nombre.

Llegar a esta categoría es fácil después de haber hecho estas cincuenta ediciones. Te recomiendo que si quieres escribir un artículo en Wikipedia con éxito, consigas el estatus de "autoconfirmado".

Puedes saber si ya estás cerca de conseguir las cincuenta ediciones, consultando en el apartado "Preferencias" de tu menú de Editor (arriba, a la derecha).

Las Wikipedias en otros idiomas son mucho menos exigentes que la Wikipedia en español. Puedes ser editor autoconfirmado con tan solo diez ediciones y cuatro días en inglés, y en otras tan solo creando la cuenta, escribiendo algo y esperando que pasen los cuatro días.

Títere

Son editores duplicados. Crean cuentas con otro nombre para poder participar en las votaciones, defender determinados puntos de vista o realizar actos vandálicos.

Cuando se detecta una cuenta de este tipo se procede a bloquearla. Están muy mal vistos. Si creas cuentas títere te la juegas (si te descubren te pueden borrar todo lo que hayas creado, incluso artículos bien escritos y de relevancia).

Normal

Un usuario o editor normal es aquel que ha creado una cuenta de edición y ha hecho menos de cincuenta ediciones. Es mejor que un editor anónimo porque tiene una página de usuario y un espacio de taller y de **"Discusión"**. Pero siempre es mejor ser "autoconfirmado".

Editor anónimo

Es aquel que no ha creado una cuenta. Aparece un código numérico en todas sus contribuciones. Este código es la IP del ordenador o de la Wifi desde donde trabaja. Muchas veces estas IP están contaminadas (han sido usadas por otros editores para vandalizar), y si la usas te pueden bloquear por un uso indebido anterior. Es mejor crear una cuenta.

Cuentas remuneradas

Si trabajas para una compañía o te han contratado para hacer la Wikipedia y quieres ser absolutamente transparente, debes de comunicar que eres un editor remunerado. Esto se hace colocando la siguiente plantilla en tu página de usuario.

{{Cuenta remunerada}}

Plantilla:Cuenta remunerada

(S) Este usuario, en conformidad con los términos de uso de la Fundación Wikimedia, declara que ha percibido remuneración de |empleador= por sus contribuciones a Wikipedia.

Documentación de la plantilla [editar código] [editar] [historial] [purgar]

Esta plantilla es para usuarios que, en conformidad con los términos de uso de la Fundación Wikimedia, **deben** declarar quién es su empleador, quién es su cliente y cuál es su afiliación con respecto de cualquier contribución por la que reciban, o esperen recibir, compensación. De acuerdo con los términos de uso, esta declaración debe realizarse al menos de una de las siguientes maneras: en la propia página de usuario, en la página de discusión de cualquier página donde se hayan hecho ediciones retribuidas o en el resumen de edición de cualquier contribución retribuida.

Uso

Esta plantilla está pensada para utilizarse solamente en páginas de usuario o en páginas de discusión de usuario.

Uso en páginas de usuario

Plantilla	Resultado
`{{cuenta remunerada|empleador=ACME}}`	(S) Este usuario, en conformidad con los términos de uso de la Fundación Wikimedia, declara que ha percibido remuneración de ACME por sus contribuciones a Wikipedia.
`{{cuenta remunerada|empleador=ACME|artículo= [[Ejemplo]]}}`	(S) Este usuario, en conformidad con los términos de uso de la Fundación Wikimedia, declara que ha percibido remuneración de ACME por sus contribuciones a Ejemplo.
`{{cuenta remunerada|empleador=ACME|cliente=W. Coyote|parte=sí}}`	(S) Este usuario, en conformidad con los términos de uso de la Fundación Wikimedia, declara que ha percibido remuneración de ACME en nombre de W. Coyote por algunas de sus contribuciones a Wikipedia.

Entonces entrarás en el listado de cuentas remuneradas.

Muy pocos editores reconocen que trabajan para alguna compañía, organización o profesional. Tampoco lo reconocen quienes escriben para algún profesional: actor, músico, escritor, etc. Hay todavía más control sobre lo escrito cuando se declara esta circunstancia.

Radiografía/menú de Wikipedia

A la izquierda de todas las páginas de Wikipedia, y debajo del conocido logo de la esfera, hay un amplio menú.

Veamos poco a poco qué es cada cosa.

Portada

Es la primera página que se abre en cuanto te metes en Wikipedia. Aquí aparecen varias secciones.

Para empezar, el acceso rápido a la Guía Visual (el manual más fácil y divertido de seguir para aprender a usar la Wikipedia). Puedes acceder a él debajo de "Bienvenidos a Wikipedia", clicando sobre "todos pueden editar" e ir directamente a Visual Editor, clicando sobre el cuadro **"Editar"**.

En la portada también aparecen los artículos destacados, la actualidad, las efemérides y los portales con sus distintas temáticas. Cada portal alberga a su vez los distintos Wikiproyectos relacionados.

Portal de la comunidad

En el portal de la comunidad accedes al menú de los wikipedistas, de todas las tareas y el trabajo que hay detrás de una enciclopedia colaborativa.

La página del portal de la comunidad es muy amplia. Inicialmente se muestra un pequeño menú sintético que veremos en detalle y con pequeños símbolos; es lo primero que sale. Si sigues en esa página y llevas tu ratón hacia abajo encontrarás las grandes áreas con mucha información, herramientas y servicios de Wikipedia: "Tablón de la comunidad", "Echa una mano", "Trabaja en Grupo" y "Políticas", Ayudas" y "Recursos". En todos estos apartados puedes acceder a distintas áreas. Más adelante comentaremos las que más te pueden interesar.

Aquí puedes descubrir lo que sucede en Wikipedia, cómo colaborar y algunos recursos de interés.

Estamos trabajando en 1 573 055 artículos. Puedes ver las últimas ediciones en cambios recientes y en artículos nuevos.

Ayuda	Lista de páginas de ayuda.
Café	Espacio de discusión general. Noticias, Políticas, Técnica, Propuestas, Ayuda y Miscelánea.
Políticas y convenciones	Todas las políticas y convenciones de Wikipedia.
Wikiproyectos	Colabora en un tema o actividad.
IRC (chat)	Canal de ayuda entrar, Canal general entrar.
Consultas	Pregunta sobre algún área del saber.
Informes de error	Informa sobre un error en Wikipedia.
Vandalismo en curso	Informa sobre una página vandalizada.
Tablón de anuncios de los bibliotecarios	Portal de actividades de los bibliotecarios.
Mantenimiento	Colabora para mantener los artículos.

Menú inicial

Café

Clica en "Ayuda" y luego clica en "Iniciar un nuevo tema" para solicitar una consulta o pedir ayuda de cualquier tipo.

Wikiproyectos

Clicando en Wikiproyectos accedes al Directorio de todos los proyectos en los que trabaja la Wikipedia clasificados temáticamente. Si quieres encontrar colaboradores para tus artículos tendrás que buscarlo en el

Wikiproyecto adecuado con tu temática. Clicando en "Directorio" puedes encontrarlo.

IRC Chat (Atajo WP:IRC)

Para entrar directamente en un chat de ayuda, atendido por bibliotecarios, puedes clicar en "entrar" del canal de ayuda. Este chat es muy útil, y cuando estás perdido te ayudan amablemente. Hay que tener paciencia porque a lo mejor tardan cinco o diez minutos en contestarte, pero es efectivo y directamente *online*.

Tablón de anuncios de los bibliotecarios:

Aquí hay un amplio menú, pues los bibliotecarios tienen competencia en todos los ámbitos de edición de la Wikipedia.

Solicitud de restauraciones

Como editor principiante es lo que más te interesa. Si lo clicas puedes pedir que restauren un artículo que ha sido borrado, planteando tus argumentos para la restauración. Si eres un editor normal que solo has participado en este artículo que te han borrado, y no tienes ediciones colaborativas en ningún otro artículo, probablemente no te hagan ni caso. Pero si eres un editor más conocido o un editor autoconfirmado te contestarán pronto. (Atajo WP:TAB/SR)

Miscelánea y otras peticiones

Puedes clicar en esta sección para pedir o consultar cualquier otra cuestión acerca de tu artículo.

Más adelante, cuando ya seas un editor avezado y estés colaborando como vigilante (reversor, verificador) de páginas nuevas o cambios recientes, aquí tendrás mucha información valiosa, pero con lo dicho es suficiente.

Mantenimiento

Esta sección es bastante importante cuando se está empezando y se necesita colaborar en tareas que no sean muy difíciles. Aquí puedes ver en qué secciones hay listados de artículos que requieren ser mejorados. Veamos los que más pueden interesarte.

Portal:Mantenimiento

Portal de mantenimiento

Este portal está pensado como central de trabajo para todos aquellos interesados en el mantenimiento de la Wikipedia en español.

Atajo
P:MANT

Tareas pendientes

Las tareas pendientes son actividades que en cualquier momento alguien las puede retomar. Generalmente se crean después de encontrar alguna necesidad y que por falta de tiempo no se puede hacer en ese momento. El objetivo es que se puedan listar en un repositorio centralizado por si alguien pudiera resolverlas más adelante.

La lista de tareas se puede ver en esta página: Wikipedia:Artículos solicitados

Actividades de manutención mayores

Corresponde a actividades que requieren conocimientos avanzados o se requiere mucho tiempo para desarrollarlas correctamente, estas pueden ser:

Simplificar artículos demasiado complejos

Existen artículos que son demasiado complejos o difíciles de entender para lectores no expertos, el objetivo es tratar de simplificarlos sin perder calidad.

- Área de trabajo: Categoría:Wikipedia:Artículos demasiado complejos

Completar artículos en desarrollo

Corresponden a los artículos que no están terminados, algunos de estos nunca se completan. El objetivo es completarlos para tener una versión que abarque todo el tema.

- Área de trabajo: Categoría:Wikipedia:Artículos en desarrollo

Mejorar artículos que necesitan referencias

Todos los artículos deberían tener referencias para cumplir con las políticas de verificabilidad, el objetivo es buscar y colocar referencias a los artículos con

Resumen de mantenimiento

Actividades de mantenimiento	
Contextualizar	Lista
Responder informes de errores	Lista
Fusionar páginas	Lista
Corregir ortografía	Lista
Veracidad discutida	Lista
Violaciones de derechos de autor	Lista

Mantenimiento (purgar)

Acontecimientos futuros	153
Actualidad	59
Artículos con enlaces externos rotos	63 206
Artículos con plantillas inadecuadas	2
Anexos con plantillas inadecuadas	0
Artículos demasiado complejos	288
Artículos en desarrollo	958
Artículos que necesitan referencias	70 700
Borrar (definitivo)	20
Plagios obvios	0
Trasladar a Wikcionario	14
Trasladar a Wikilibros	1
Trasladar a Wikinoticias	4
Trasladar a Wikiquote	3

En el apartado de *Actividades de manutención mayores* puedes acceder a:

Artículos en desarrollo

Son artículos que están sin terminar y que requieren la colaboración de otros wikipedistas. Si puedes echar una mano, estupendo.

Artículos que necesitan referencias

Para ayudar en aquellos artículos a los que le faltan referencias a noticias, reportajes, entrevistas o fuentes bibliográficas. Una vez que aprendes a hacer referencias, esto se hace rápido y te da muchos puntos.

En el apartado de *Actividades de manutención menores* (más abajo) puedes acceder a:

— *Copyedit o "Corregir ortografía"*: Aquí aparece un listado con todos los artículos que están mal escritos y que requieren una revisión. Para hacer mejor esta misión, conviene que en tu menú de editor (lo que vimos en Radiografía del editor) accedas a "Preferencias" y luego cliques en "Accesorios" y marques la herramienta del corrector ortográfico. Esto te permitirá ver los errores o faltas de ortografía de un artículo extenso.

— "Traducciones para mejorar" con un listado de artículos que han sido traducidos automáticamente y que pueden mejorar bastante con la revisión de un editor nativo del español.

— "Páginas huérfanas", que son las páginas que están sin enlazar. Es divertido y fácil crear los enlaces.

Volviendo a la página principal del Portal de la Comunidad (recuerda que lo clicas en la columna de la izquierda de Wikipedia, debajo de la esfera) y llevando el ratón hacia abajo, encontramos los siguientes menús, después del menú inicial:

Tablón de la Comunidad: noticias y anuncios relacionados con Wikipedia. Esto es para wikipedistas veteranos.

Echa una mano: de nuevo aparecen todos los espacios en donde puedes ayudar.

Trabaja en grupo: participa en proyectos con otras personas.

Políticas, ayudas y recursos: al llegar aquí hay temas que te interesan para iniciarte en la edición de Wikipedia. Lo que más te interesa y puede serte útil es:

— "Zona de pruebas": cuando clicas en la zona de pruebas se abre un espacio donde puedes practicar escribiendo y editando. También puedes acceder a la zona de pruebas manteniendo el atajo WP:ZP.

— "Programa de tutoría": al abrir el programa de tutoría, avanza con el ratón hacia abajo. Saldrá un cuadro de varios colores con los editores avanzados que están disponibles en ese momento y que te pueden ayudar.

Existe un cuadro de contacto que te ayuda bastante, en donde puedes solicitar la tutoría, (Atajo: WP:PT).

¡OJO!

Te recomiendo que, para aprender lo más básico, te inicies en el **"Editor visual"**, la guía que hay al principio del todo en la página de inicio de Wikipedia.

Debajo del: "Bienvenidos a Wikipedia, la enciclopedia de contenido libre que todos pueden editar", clicando en "todos pueden editar», y ahí dentro entrando directamente en Visual Editor en el cuadrado «Editar».

Volvamos de nuevo al menú que hay a la izquierda, debajo de la esfera, y veamos los siguientes menús: Actualidad, Cambios Recientes y Páginas Nuevas.

Actualidad

Al clicar en "Actualidad" se abre una página donde aparece toda la actualidad de los últimos días o el último mes, curiosidades...

Cambios recientes

En esta página aparecen todos los cambios que se producen al momento. Si acabas de hacer una edición, puedes ver si te han colocado una etiqueta de algún tipo en una de tus ediciones. Este listado sirve a los reversores, verificadores, burócratas, etc., para detectar los cambios y ver si son correctos o si se trata de vandalismo. Si vas a colaborar en tareas de mantenimiento, esta es tu página de referencia.

Páginas nuevas

De nuevo en esta página aparecen todos los artículos o páginas de nueva creación, con sus autores, la fecha y hora de la creación. Si acabas de crear un nuevo artículo puedes ver si te han colocado alguna etiqueta. Si quieres colaborar detectando vandalismos, puedes trabajar con la información de este listado. Las páginas con fondo amarillo son las que todavía no han sido revisadas.

Página aleatoria

Cuando clicas en esta página te sale una página al azar.

Ayuda

Al clicar se te abre el menú de ayuda con todas sus herramientas para ser ayudado. Puedes solicitar ayuda en:

- "Café": iniciando un nuevo tema o en la miscelánea.
- Canales de chat, canal de ayuda IRC, entrando en contacto directo *online* con bibliotecarios.
- Programa de tutoría.
- Tablón de anuncios de los bibliotecarios.

En otros proyectos:

Aquí te viene un listado completo de todos los proyectos hermanos de Wikipedia: Media-Wiki, Meta-Wiki, Wikiespecies, Wikilibros, Wikidata, etc.

Te interesa especialmente Wikimedia Commons, que es el repositorio de imágenes de Wikipedia.

Wikimedia Commons

Es el repositorio de imágenes, vídeos y sonidos de Wikipedia, donde puedes acceder libremente a todas las fotos, y donde subirías las imágenes que pondrías en tus artículos. Lo veremos más adelante.

Herramientas.

Herramientas

Lo que enlaza aquí

Cambios en enlazadas

Subir archivo

Páginas especiales

Enlace permanente

Información de la página

Elemento de Wikidata

Lo que enlaza aquí

Aquí puedes ver las páginas que enlazan con ese artículo mediante *links* o enlaces.

Información de la página

Cuando estés leyendo un artículo, puedes clicar en "Información de la página", y te informará de cuántos editores han participado en su elaboración, cuántas veces ha sido consultado ese artículo, si la página está protegida, etc.

Contribuciones del usuario

Cuando clicas sobre un nombre de usuario aparece su página de usuario, y en el listado de la izquierda, en el menú de Wikipedia, las "contribuciones del usuario". Gracias a ello puedes saber cuándo hizo la última contribución (si es reciente o de hace mucho tiempo) y conocer todas las contribuciones del editor, cuándo creó su cuenta, en qué temas anda metido, si ha tenido problemas, cuáles son los artículos que ha creado, etc.

Registros

Igualmente puedes conocer, clicando en el menú de la izquierda de Wikipedia, los "registros" de páginas trasladadas, creadas, etc., que ha hecho ese editor.

Enviar un correo a este usuario

Esta opción solo aparece si el editor ha dado de alta una dirección de correo electrónico.

Ver los grupos del usuario

Cuando clicas en el nombre de un editor, puedes conocer rápidamente a qué grupo pertenece (si es bibliotecario, burócrata, autoconfirmado, etc.), clicando sobre "Ver los grupos del usuario".

En otros idiomas.

Lenguas en las que aparece un artículo

En la portada y en esta sección de la columna de la izquierda aparecen todas las lenguas en las que existe Wikipedia (354 en 2019).

Cuando abres un artículo puedes consultar en esta columna en los idiomas en los que está disponible.

Capítulo III

Vamos a editar

Paso a paso de la edición

Cómo crear una cuenta

Para contar con más herramientas de edición y tener éxito, es imprescindible hacerse una cuenta. Si no te la haces siempre aparece tu IP, el código que te identifica y que algunas veces ha sido usado por otras personas para vandalizar.

Crea una cuenta de manera muy fácil en la esquina derecha superior. Simplemente clicas sobre "Crear una cuenta" y pones el nombre de usuario y una contraseña. Es opcional dejar un *email*. Si lo dejas, te puedes comunicar en privado con otros wikipedistas sin llamar mucho la atención.

 ¡OJO!

Nunca uses tu nombre personal o el de tu empresa/organización para la creación de cuentas, porque puedes generar un conflicto de intereses. Piensa en un seudónimo respetuoso.

Ayuda a editar en Wikipedia

Tras crear la cuenta, el sistema de Wikipedia te invita a colaborar en diversos artículos. Si has leído la introducción y la primera parte de esta guía, estarás preparado para colaborar.

Sigue las instrucciones que te dice el programa de Wikipedia y ayuda en otros artículos. Esto es muy bueno para tu entrenamiento, para editar sin problemas continuos y censura de los bots, y para ir contabilizando ediciones que te permitirán llegar a ser un editor "autoconfirmado".

Cuando hayas completado tu edición, clica en **"Publicar cambios"** y acepta participar en otro artículo; así te irás familiarizando.

Cuando hayas terminado tu pequeña edición, prueba con otro artículo.

¡OJO!
Guarda/publica cada cambio para que se te contabilicen varias ediciones. No esperes a guardar o publicar cuando ya tengas un gran párrafo, sino publícalo poco a poco.

Para que todo vaya bien, consigue al menos diez ediciones en Wikipedia. Cada vez que modifiques algo (una frase, una corrección ortográfica, etc.) guarda los cambios y publícalos. Así se te contabilizará cada edición. Si creas un gran párrafo o una página con un montón de palabras y solo le das una vez a guardar cambios/publicar, solo te contabilizará una edición.

Para saber las ediciones que llevas, clica en "Preferencias". Consigue al menos diez ediciones para empezar.

Vayamos a la zona de pruebas

En la caja de búsquedas escribe "Wikipedia: Zona de pruebas" o el atajo WP:ZP, y elige un espacio que esté libre (en verde).

Wikipedia:Zona de pruebas

¡Bienvenido a la **zona de pruebas**!

En las **zonas de pruebas libres** puedes hacer todas las **pruebas de edición desechables** que necesites para practicar. Para comenzar, selecciona una zona libre, pulsa la pestaña «**editar**» de la parte superior de la página y, cuando hayas terminado, pulsa en el botón «**Mostrar previsualización**». Con esto suele ser suficiente para ver cómo queda, pero si hace falta puedes luego hacer clic en el botón «**Guardar la página**» (si lo puedes evitar se ahorran recursos).

Atención: **Si quieres empezar un borrador para un artículo, usa la página** Especial:MiPágina/Taller. **La zona de pruebas puede ser borrada en cualquier momento** (normalmente se hace de forma automática si lleva una hora sin ser modificada), para facilitar que otros usuarios puedan practicar también. **No introduzcas contenido ofensivo o** sin una licencia compatible.

Ayuda: Cómo se edita una página (formato, enlaces internos, imágenes, enlaces externos, listas, tablas y líneas de tiempo)

Referencia rápida – Asistente para la creación de artículos – Tutorial – Manual de estilo

Libre – Ocupada

Zona de pruebas 1	Zona de pruebas 2	Zona de pruebas 3	Zona de pruebas 4	Zona de pruebas 5
Zona de pruebas 6	Zona de pruebas 7	Zona de pruebas 8	Zona de pruebas 9	Zona de pruebas 10

[Actualizar estado de las zonas]

La zona de pruebas solo tiene el sistema de **"Editar código"** (no hay Edición Visual).

Puedes escribir lo que quieras y darle formato. Veamos el menú de la parte de arriba.

[Zona de pruebas 2]

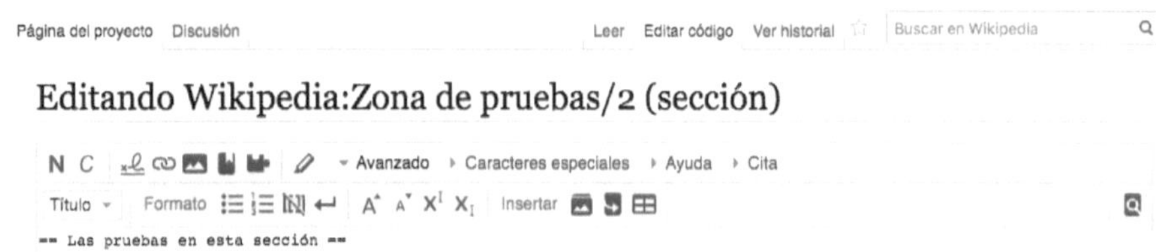

En el menú de la parte superior puedes ver:

- Negrita.
- Cursiva.
- Firma y fecha (tu nombre de editor).
- Enlaces.
- Inserción de imágenes.
- Referencia.

Escribe un par de frases y juega con los formatos.

Marca una palabra para darle formato en negrita o en cursiva.

Marca una palabra significativa y clica en enlaces para ligarla a otro artículo.

Inserta imágenes (mediante este símbolo, puedes colocar fotografías de Wikimedia Commons) pero eso lo veremos más adelante.

Cuando clicas en el símbolo de referencias se añaden a tu texto.

<ref> <ref>

Entre los dos *refs* debes introducir el texto de referencia, aquello que demuestra que lo que estás escribiendo es cierto y está publicado en un periódico o en un libro, etc.

Para empezar, puedes poner el código url. de un periódico digital o el autor, la fecha, el título y la editorial si se trata de un libro.

En la segunda línea (es el menú avanzado) está el menú:

Títulos (varios niveles).

- Viñetas.
- Salto de párrafo para crear tu texto con espacios.
- Distintos tamaños de texto, índice y superíndice.
- Insertar: imagen y cuadro.

Cuando ya has creado un texto con su formato, párrafos y títulos, y sus enlaces y referencias, fírmalo (3er símbolo arriba a la izquierda) con tu nombre de editor y fecha.

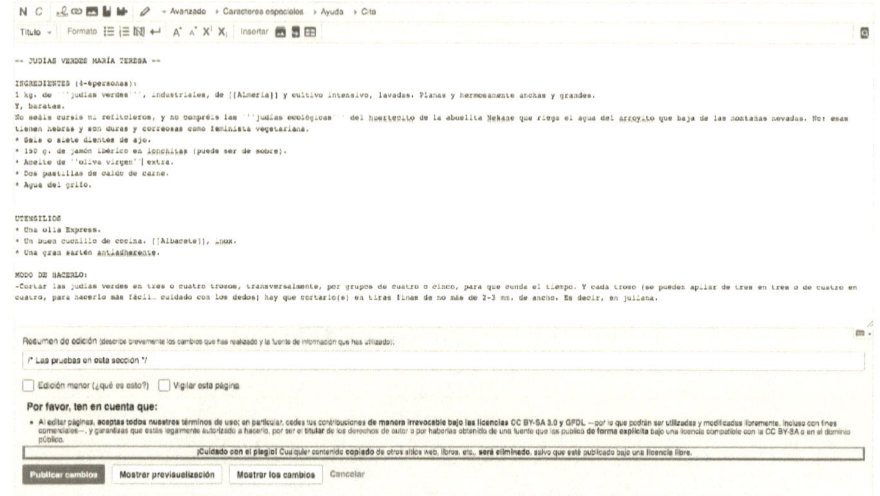

Luego debes escribir el "resumen de edición".

Clicar en "mostrar previsualización", comprobar que todo está bien y finalmente en **"publicar cambios"**.

Haz distintas pruebas con este menú para familiarizarte con todas estas herramientas de edición.

Peligros del asistente para la creación de artículos

Si nunca has editado en Wikipedia este asistente es muy útil, pero está lleno de peligros, porque te van haciendo preguntas para que vayas avanzando en la asistencia. Estas preguntas pueden limitar tus posibilidades de éxito, pues lo que intentan (aunque quieran ayudar) es reducir al máximo las posibilidades de estar en Wikipedia, que solo sea para profesionales muy, muy destacados (deportistas de élite, escritores superconocidos, cantantes o músicos dentro de la industria musical más comercial... incluso personajes de la farándula que apenas han hecho nada salvo salir en televisión).

Probablemente quieras escribir un artículo sobre ti mismo o sobre una persona cercana que tiene obra propia y tiene referencias. Esto es lo más importante, pero muchas veces el asistente te echa para atrás y te califica como "no relevante", cuando hay muchos otros creadores que han conseguido estar en Wikipedia porque les han asesorado bien o porque un profesional les ha hecho el artículo.

Puedes entrar en el asistente escribiendo en la caja de búsquedas: "Wikipedia: Asistente para la creación de artículos" (Atajo: WP:ACA).

El asistente para la creación de artículos te va llevando por un itinerario con varias salidas.

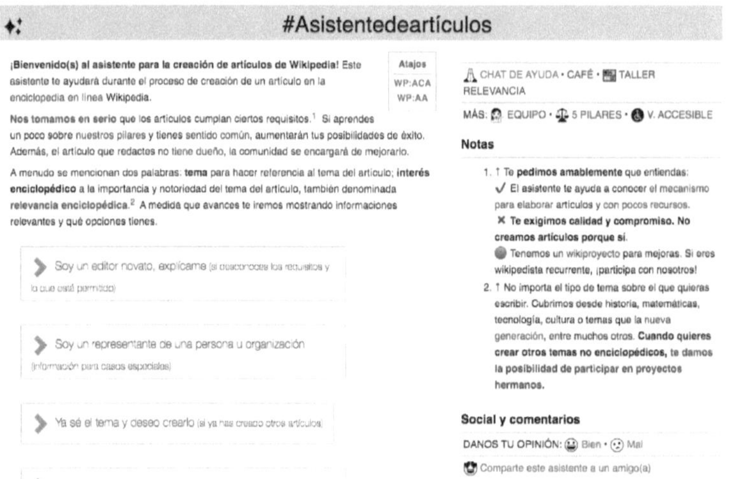

No elijas nunca estas opciones (te aparecerán al principio y en algún punto de los menús):

- Soy un representante de una persona u organización.

- Escribo sobre mí mismo(a) (aparece a la mitad del menú).

Tampoco elijas:

- He creado un artículo y desapareció (porque vas a confundirte todavía más).

Más adelante <u>tampoco elijas ni escribas nada</u> en:

- Quiero saber si estoy apto para crear mi artículo.

Esta es la página de relevancia del asistente, donde te hacen un examen sobre si tu artículo es relevante o no. La mayoría de las veces te rechazan, quedando tu intento grabado). Si es rechazado, será muy difícil crearlo de nuevo.

Además, tardan muchísimo en contestar (más de un año).

Puedes elegir los siguientes itinerarios, inicialmente dos:

- Soy un editor novato, explícame.
- Ya sé el tema y deseo crearlo.

Siguientes pasos hasta llegar a la creación

Debes elegir los siguientes pasos para ir avanzando. Cada paso te irá abriendo un menú, debes ir marcando los que aquí se sugieren para llegar a un buen final:

- Ya está listo mi borrador, continuemos el siguiente paso.
- Voy a Wikificar porque da forma al artículo.
- Las fuentes son fiables.
  — Escribo sobre alguien más (se te abre la posibilidad de crear el artículo con lo que has aprendido).

—Escribo sobre una empresa (se te abre la posibilidad de crear el artículo con lo que has aprendido).

—Nunca, nunca elijas "Escribo sobre mí mismo(a)."

—Escribo sobre una agrupación o solista, un disco o canción (se te abre la posibilidad de crear el artículo con lo que has aprendido).

—Escribo sobre un servicio o medio digital (se te abre la posibilidad de crear el artículo con lo que has aprendido).

Una vez marcadas cualquiera de las anteriores posibilidades –excepto la de "escribo sobre mi mismo (a)– se abre un espacio para que **"ingreses el título de tu nuevo artículo"**. Antes de poner el nuevo título piénsalo muy bien. Una vez escrito el título clica en **"crear artículo nuevo"**.

En todos estos casos anteriores, puedes crear tu artículo **siguiendo las indicaciones que hay dentro del editor por código** que se abre con el asistente.

Puedes clicar en "Mostrar previsualización".

Y finalmente "Publicar la página".

Aunque seas un editor novato te recomiendo que **no entres directamente a la Wikipedia sin haberte entrenado primero en otros artículos.**

Si los bibliotecarios detectan "conflicto de intereses" o que el artículo es "promocional", lo borrarán.

Trabaja en tu taller de edición

Ya es el momento de ir a tu propio taller, en rojo, en la línea superior. Clícalo y puedes elegir la edición entre **"Editar código"** (como en la zona de pruebas) o **"Editar"** (**"Editor visual"**, más fácil).

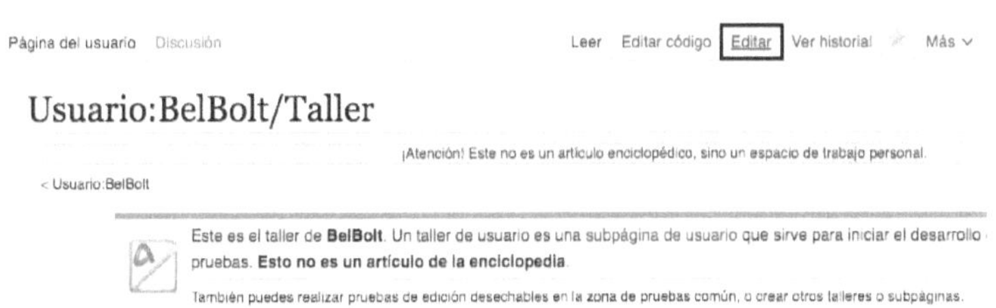

Vamos a clicar sobre **"Editar"** y de nuevo se abre un menú con los siguientes contenidos de izquierda a derecha:

- Dos flechas de rehacer y deshacer texto.

- Párrafo con los distintos niveles de títulos, subtítulos, etc.

- *A*: distintos formatos de texto (negrita, cursiva, tamaño de letras, etc.).

- Enlaces

- Citar: automático, manual, reusar.

- Listas de viñetas.

- Insertar: plantillas, imágenes, tablas o cuadros.

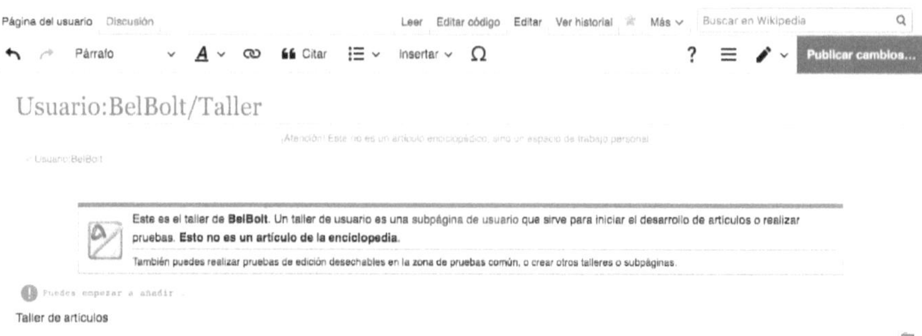

Vayamos a los dos últimos símbolos (ubicados junto a "publicar cambios").

- ≡

- lapicero

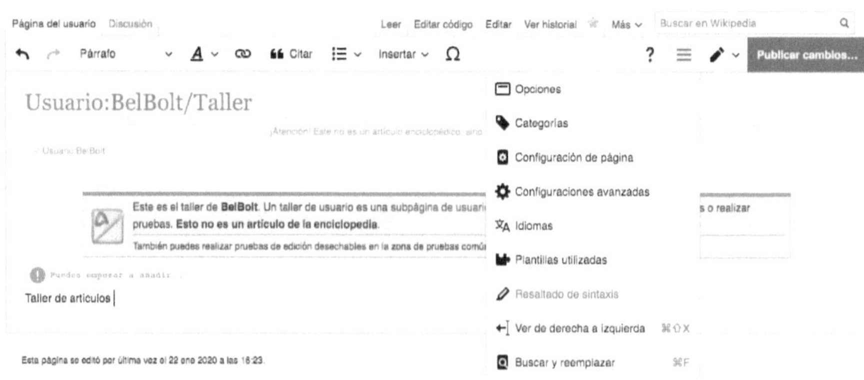

Las tres rayas horizontales nos abren un menú que nos facilita la inserción de categorías.

Las categorías sirven para etiquetar los artículos. Es obligatorio poner al menos una categoría.

El lapicero nos permite elegir entre "edición por código" y "edición visual".

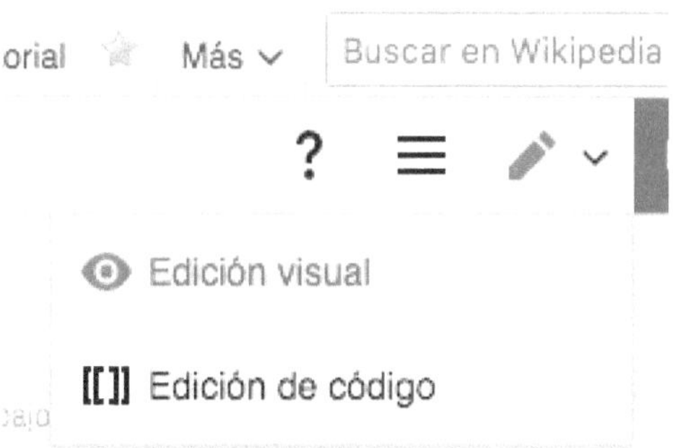

Ahora vamos a empezar a escribir.

Te recomiendo que, antes de entrar en Wikipedia, tengas siempre ya tu texto original (no copiado) preparado en tu ordenador, y únicamente tengas que copiar y pegar.

Partes de un artículo

Crea un texto/artículo con los siguientes componentes:

- **Título** (en negrita), contexto (fecha y ubicación) y breve descripción de lo que va a tratar el artículo.

- **Desarrollo**. En el cuerpo del artículo puedes crear varias secciones en función de lo que vayas a contar, todas ellas separadas por títulos o subtítulos.

- **Referencias**. Toda la información que metas la has sacado de algún lugar (deben ser fuentes secundarias: periódicos, libros, revistas, webs).

Cuando terminas una frase inserta la referencia clicando sobre "Citar". Entonces se abre un menú:

— **Automático.** Inserta el código *url* de la web o periódico digital, y el formato de la referencia se redactará automáticamente.

— **Manual.** Debes ir rellenando cada campo. No aconsejo esta forma.

— **Reusar.** Para repetir una misma referencia ya usada en el artículo.

 ¡OJO!

En "Citar" elige "Automático" para hacer tus citas de una forma rápida y estética, introduciendo la *url* de la página web de referencia.

- **Enlaces externos**. Aquí puedes meter la información de contacto (página web, etc.). No se deben meter nunca las redes sociales (Facebook, Twitter, Linkedin, Youtube) porque los bots lo detectan como basura o *spam*.

- **Categorías**. Puedes clicar en el símbolo de las tres barras, acceder a la búsqueda de categorías e ir eligiéndolas.

- **Wikifica y formatea tu artículo**. Ahora dale formato: cursivas y enlaces a otros artículos. No uses las negritas (solo son permitidas en el título y son consideradas promocionales).

  También puedes introducir las imágenes y los cuadros. Veremos más adelante cómo subir las imágenes a Wikimedia Commons.

  Finalmente revisa cómo ha quedado el texto, si necesita espacios entre párrafos o tiene alguna falta de ortografía.

  Finalmente clica en "Publicar página".

  Todo este texto ha quedado guardado en tu taller, revísalo y mejóralo antes de publicarlo creando el nuevo artículo.

  Es bueno que, antes de publicar el artículo trasladándolo con un nuevo título (lo que puedes hacer si eres editor autoconfirmado) o haciendo copia y pega y creando un nuevo artículo, solicites ayuda a otros editores más veteranos para que lo revisen.

Puedes solicitar ayuda en:

- Chat de ayuda.

- Pidiendo un tutorial.

- Buscando colaboradores en un Wikiproyecto determinado.

Es muy bueno que los artículos estén escritos por varias personas. Ello también te garantiza un mayor éxito a la hora de publicar tu artículo.

A la hora de encontrar colaboradores siempre mira en sus contribuciones para comprobar que es un editor reciente (está trabajando en ese momento o ha editado en los últimos días de manera continuada).

Lo que debes evitar en un artículo

- **Promocional**. La Wikipedia no es un espacio de venta. No necesita que digas que este profesional es el mejor, ni que uses argumentos de venta. Limítate a contar lo que ha hecho de la forma más neutral posible.

- **Curriculum vitae**. Evita que sea un *curriculum vitae*. No debes poner toda la información sobre la persona o profesional, sino lo más esencial. No debes poner toda su obra (si es un catedrático o profesor de universidad) ni todas sus conferencias. Solo lo más importante, y redactado en forma enciclopédica, elegantemente y con neutralidad.

- **Redes sociales**. Aunque en la Wikipedia en inglés las meten en las biografías constantemente, en la Wikipedia en español está muy mal visto. No pongas las cuentas de redes sociales del biografiado. Sí que puedes poner su página web o su blog de una manera discreta: "Página web oficial".

- **YouTube**. No pongas enlaces a YouTube pues los bots los detectan como *spam* e inmediatamente te borrarán eso o el artículo completo.

- **Conflicto de intereses**. Es imprescindible evitar que puedan detectar que hay una relación personal/profesional con el que redacta y publica el artículo.

Creación de un nuevo artículo

Cuando ya tienes tu artículo terminado en el taller, puedes publicarlo con tres métodos diferentes:

Traslado (solo si eres editor autoconfirmado)

Clicas sobre la pestaña "Más v" junto a la caja de búsqueda de Wikipedia y luego sobre "Trasladar".

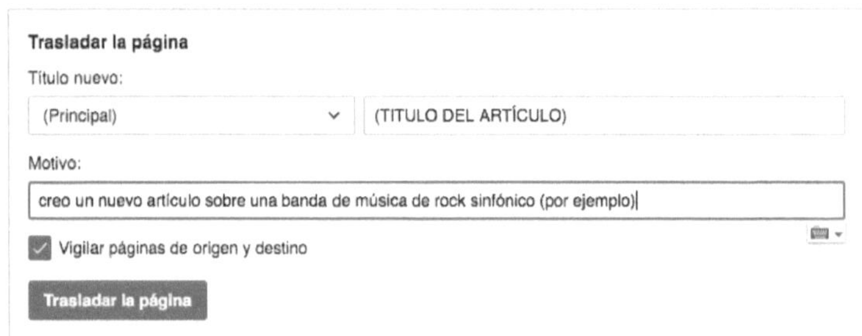

Se abre un menú y marcas la pestaña ("Principal") por encima de "Usuario", y luego, donde estaba tu nombre de taller, el título nuevo.

Clicas sobre "Trasladar página" y te aparecerá un menú diciéndote que el traslado ha sido exitoso.

¡Enhorabuena!

Traslado mediante bibliotecario

Solicitándolo en el canal de Ayuda Chat a un bibliotecario. Esto funciona muy bien y te lo recomiendo.

Creando una nueva página

Para ello has de **escribir el nuevo título en el cajetín de búsqueda**: te dirá que dicha página no existe y que si quieres crearla se abrirá una nueva página de edición con el nuevo título, con la posibilidad de usar el **"Editor visual"** (pestaña "Crear") o el editor por código (pestaña "Crear código").

Selecciona, copia y pega todo lo que tenías en tu taller.

Revisa que todo haya quedado bien (mediante el **"Editor visual"**).

Publica tus cambios.

 ¡OJO!

Nada más crear una nueva página, es conveniente colocarle la plantilla {{en construcción}} en la parte superior, antes del título.

Esto te permitirá encontrar ayuda de otros editores y evitar que te borren el artículo *ipso facto*, si algo no está bien. También permite que puedas pedir ayuda a otros.

Cómo insertar imágenes

Todas las imágenes que aparecen en los artículos han sido subidas previamente a Wikimedia Commons, la plataforma de Wikipedia para las imágenes, vídeos y audios.

Wikimedia Commons es un magnífico repositorio de imágenes de libre disposición. Puedes encontrar fotografías de todo tipo que acompañarán tu artículo.

Derechos de propiedad intelectual

Ten en cuenta que cuando subes una foto a Wikimedia estás cediendo tus derechos sobre la foto para el libre uso de la misma. Al abrirse el asistente para subidas de fotos e ir avanzando en los diferentes pasos, te explican todo esto, así como las licencias disponibles para que tus fotos sean usadas de una manera o de otra. Yo te sugiero que hagas el proceso lo más simple posible, siguiendo el procedimiento natural del asistente.

Si tienes fotografías originales (que hayan sido creadas por ti o por una persona cercana que te da su permiso) y que nunca hayan sido publicadas en internet (tampoco en redes sociales), puedes subirlas a Wikimedia Commons y luego insertarlas en tus artículos.

Pero si lo que quieres es subir una fotografía realizada a la persona que estás biografiando (mientras la foto sea original y tengas el permiso del autor o la hayas hecho tu mismo) puedes subirla a Wikimedia.

Lo más importante a la hora de subir una fotografía en Wikimedia Commons es contestar bien al cuestionario que te hacen cuando has subido la foto.

Crear una cuenta de usuario

Te recomiendo que no sea la misma que usas para escribir el artículo, porque muchas veces (de hecho, la mayoría de las veces) las fotografías tienen autores diferentes a los que escriben los artículos.

Trata de ser lo más veraz posible. Si la foto la ha hecho tu hermano o un amigo y tienes su autorización para usar la foto, crea una cuenta con las iniciales y el nombre del autor de la foto. Igualmente, si la foto corresponde a una compañía, que conste en la foto.

Averigua si la foto está firmada por su autor

Algunas fotos, aunque sean cedidas y tengas la autorización para usarlas —pues has pagado al fotógrafo—, llevan registrado el nombre del autor en la misma foto. Puedes averiguar si la foto tiene registrado el nombre de la persona que la hizo. Abriéndola con un programa de visualización de imágenes y buscando la información de la foto en el inspector y luego en el apartado IPTC, te dirá si tiene autor y cuál es su nombre.

Entonces, que coincida el nombre del autor de la foto con el nombre de la cuenta que has creado para subir la foto en Wikimedia Commons.

Asistente para subir las fotos

Puedes abrir Wikimedia Commons en español e iniciar el asistente de subidas clicando en "Subir" o "Upload".

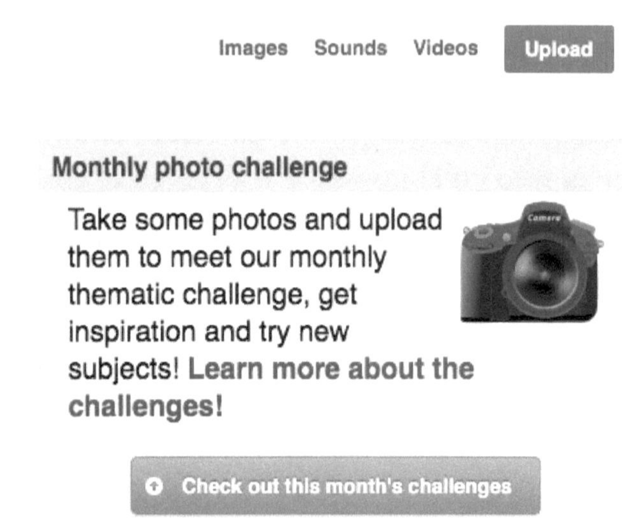

Se abre el asistente para subir tus fotos.

Subes la foto, le das a continuar y aparecerá un menú en el que puedes elegir entre:

- Este archivo es mi propio trabajo.

- Este archivo no es mi propio trabajo.

Elige siempre: **este archivo es mi propio trabajo.**

Asistente de subidas

 Por favor, visita **Commons:Upload help** si necesitas hacer preguntas acerca de la subida de archivos.

Aprender   Subir   Derechos de liberac   Describir   Añadir datos   Usar

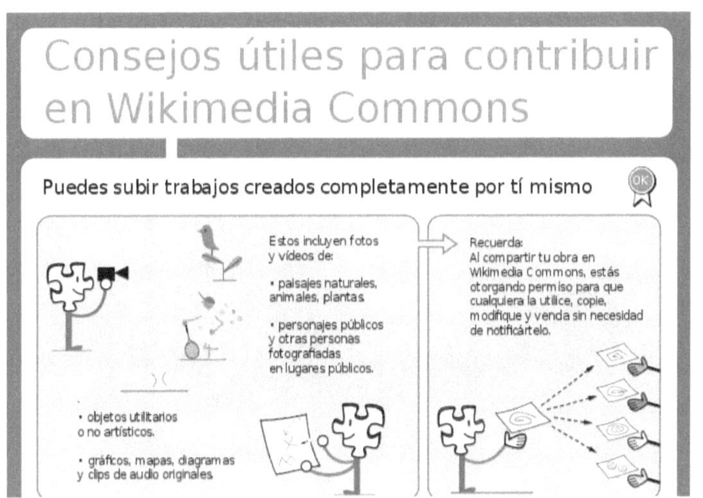

Aparece entonces una declaración en la que especificas que, como propietario de los derechos de esa obra, cedes de forma irrevocable a cualquiera el derecho a utilizarla está bajo la licencia Creative Commons Attribution ShareAlike 4.0 (texto legal).

También puedes usar una licencia diferente (hay un menú a elegir clicando ahí mismo, pero te recomiendo que no te compliques la tarea todavía más).

Asistente de subidas

Por favor, visita **Commons:Upload help** si necesitas hacer preguntas acerca de la subida de archivos.

Aprender Subir **Derechos de libera** Describir Añadir datos Usar

Este sitio requiere que proporciones información de derechos de autor para este trabajo, y así asegurar que todos puedan reutilizarlo legalmente.

◉ Este archivo es mi propio trabajo.

Yo, [BelBolt] , el propietario de los derechos de esta obra, cedo de forma irrevocable a cualquiera el derecho a utilizar esta obra bajo la licencia Creative Commons Attribution ShareAlike 4.0 (texto legal).

(Cualquiera puede usar, compartir o mezclar esta obra, siempre que me citen como el autor y publiquen cualquier obra derivada bajo esta misma licencia)

Usar una licencia diferente

◯ Este archivo no es mi propio trabajo.

Volver   Siguiente

Clica después en "Siguiente".

Te pedirán algo de información:

- Título de la imagen.

- Descripción.

- Categorías.

- Fecha.

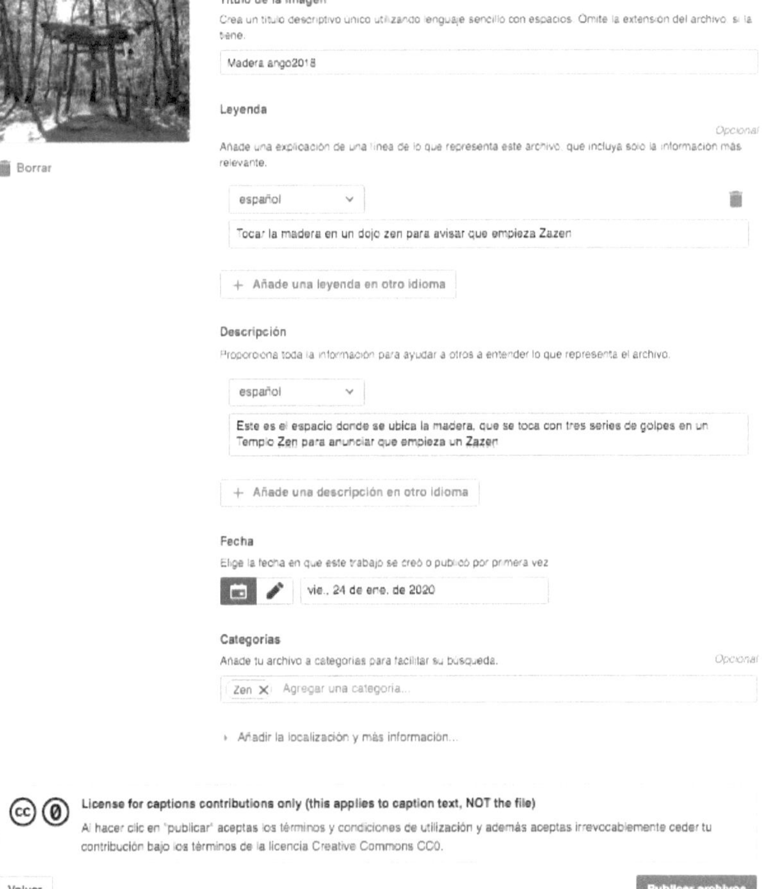

Si te piden que metas datos en Wikidata, puedes omitir la ventana y continuar. Te saldrá esto:

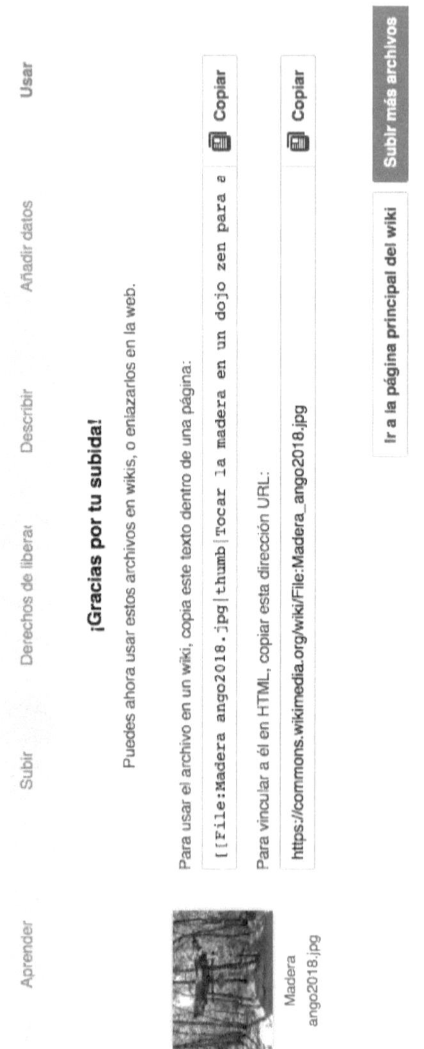

Copia el código de FILE para usar la foto en tu artículo.

Insertar la foto en el artículo mediante "Editor visual"

Puedes poner la foto en cualquier parte del artículo de una forma bastante fácil mediante el **"Editor visual"**.

Abres el artículo que te interesa y luego clicas en **"Editar"**. Pones el cursor allá donde quieras que vaya a ir la fotografía y abres el menú "Insertar".

Elige "Imágenes y multimedia" y se abrirá un menú de búsquedas.

Si has subido tu fotografía a Wikimedia Commons con el nombre de la persona o artículo en el que la ibas a insertar, te aparecerá directamente en la pantalla.

Elige la fotografía que deseas y clica en "Usar esta imagen".

Después clica en "Avanzado" y se colocará la imagen en derecha, izquierda o centro con el tamaño que elijas.

Finalmente, clica en "Insertar".

Si quieres hacer algún cambio antes de publicarla, clica en editar.

Por último, clica sobre **"Publicar cambios"**.

Zazen

Zazen (pronúnciese «*dsadsén*» con una d relativamente suave ya que el fonema z del japonés es muy similar al del francés y al del inglés) es la forma japonesa de la expresión china 坐禅 (zuòchán en pinyin, o tso-chan en Wade-Giles), que significa "meditar sentado" (*Za=sentarse, Zen=meditación*).

La palabra Zen proviene del sánscrito "dhyana" (atención plena al momento presente), que pasó a China, convirtiéndose en "Chan" (o "Ch'an"), y luego en Corea se transliteró fonéticamente en "Seon", llegando finalmente a Japón, donde su transliteración es la actual palabra Zen (pronunciesé:«*dsen*»).

Hoy en día muchas escuelas en occidente usan este término en su versión japonesa. Hay que recordar que el Zen es una forma de budismo, por lo que la meditación que emplea esta corriente es el Zazen, al igual que la escuela Theravāda emplea la meditación Vipassana y la escuela de budismo tibetano el Dzogchen.

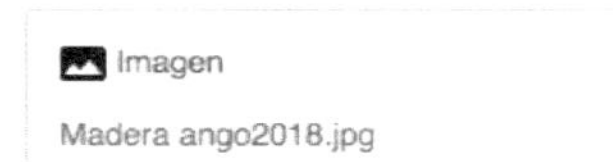

Mediante 3 series de golpes de la madera se anuncia que comienza Zazen en un Templo Zen. Templo de Shorinji (Villanueva de la Vera)

Descripción de la postura

Zazen es sentarse a "meditar" en la posición de loto del yoga, según el Budismo Zen, como lo habría hecho el Buda histórico en el momento de su iluminación, tal como describen las estatuas de Buda meditativo:

- Para las piernas existen cuatro posturas que son las más aceptadas:[1] la postura de loto completa (la más compleja de realizar) que requiere acostumbramiento o gran elasticidad del cuerpo, la postura de loto medio, que también requiere acostumbramiento, la birmana y por último la seiza o de rodillas al estilo japonés. En estas posturas se usa un cojín o zafu para ayudar la postura de caderas y espalda.

  - La postura de loto es con las piernas cruzadas con ambas plantas de los pies mirando hacia arriba y apoyadas sobre su pierna contraria y con las rodillas apoyándose en el suelo.
  - La postura de medio loto similar a la anterior pero con una pierna en el piso.
  - La birmana con ambos pies en el piso, en paralelo y plegados lo más posible al cuerpo.
  - La Seiza que puede practicarse sentado de rodillas sobre los talones.
- La espalda derecha, desde la pelvis hasta la nuca
- La pelvis ligeramente basculada hacia adelante y las lumbares ligeramente arqueadas
- La nuca estirada y el mentón bien metido hacia adentro.
- Los hombros relajados y las manos juntas en el regazo, en el mudra de la sabiduría: los dedos de la mano juntos, una mano sobre otra, y con los pulgares tocándose las puntas. En las escuelas de Zen se pone la mano izquierda sobre la mano derecha.

Insertar la foto en el artículo mediante "editor por código"

Una vez que tienes el código de la fotografía, por ejemplo (File: Balcón de carnaval en Valencia.jpg), puedes usarla en cualquier parte del artículo donde la quieras poner, abriendo **"Editar Código"**, introduciéndola dentro de dobles corchetes [[foto]].

Si la quieres poner en miniatura a la izquierda, deberás añadir cierta información al archivo original, separada por barras verticales. Tras la última barra vertical se pone la leyenda que llevará la foto.

[[File: Balcón de carnaval en Valencia.jpg |miniatura-deimagen|385px|izquierda|Balcón de Ruzafa en Carnaval]]

Hay variables de esta opción con mayor o menor tamaño, y ubicadas en la derecha o centro del artículo.

Las fotografías en las biografías se ponen al principio del artículo, por encima del título del artículo. También se meten en las fichas de persona, profesional o artista.

30 claves para editar con éxito

Como ya has visto a lo largo de toda esta guía, la Wikipedia se basa en cinco pilares: es una enciclopedia, debe ser neutral, basada en contenido libre, editada con respeto, y cuyas normas no son firmes.

Casi todos los artículos que tienen problemas están escritos violando alguna de las normas básicas: son promocionales, tienen poca relevancia o no están redactados como una enciclopedia, existe un conflicto de intereses y no son neutrales o son una copia directa de una fuente.

Muchas ediciones se hacen con la mejor de las voluntades, intentando cumplir con todos los requisitos, pero son demostrativas de que se viola alguno de los preceptos básicos o los cinco pilares. Con este listado te vamos a mostrar todo aquello que debes evitar y también algún consejo para tener éxito.

1. Evita las prisas. La Wikipedia requiere tiempo y espacio. Si haces apresuradamente las ediciones y no las maduras lo suficiente, serán erróneas y borradas. Edita poco a poco y con un sistema preestablecido.

2. Evita la edición anónima. Es mejor crear una cuenta.

3. Al crear una cuenta, no uses nunca tu nombre personal ni el de tu empresa u organización.

4. No edites directamente el artículo que te interesa: siempre has de practicar y editar en otros artículos o crear otros artículos afines, para evitar que tu cuenta de edición sea considerada como una cuenta de propósito particular (atajo WP:CPP).

5. En tu descripción de usuario o en el resumen de la edición que acabas de hacer evita mostrar tu afinidad o cercanía personal con la persona biografiada o el asunto a tratar.

6. No edites tu artículo sin tener previamente un borrador completamente terminado en tu ordenador.

7. No edites directamente en el espacio principal, hazlo primero en tu taller.

8. Evita que haya un solo editor en tu artículo (tu mismo): intenta buscar el apoyo de otros editores, solicitándolo en su espacio de "Discusión" o mediante email.

9. No edites sin referencias: éstas han de ser neutrales y de prestigio (periódicos, revistas, libros). Son mejores las referencias que se pueden verificar, aquellas que tienen una dirección url (que están en internet).

10. Si escribes sobre un familiar, amigo o conocido, evita poner datos que no estén referenciados y que solo tú puedes conocer (por ejemplo, la fecha exacta de nacimiento).

11. Evita que tu artículo sea un currículum vitae: si el protagonista del artículo tiene muchas publicaciones o logros, escoge lo más importante o esencial.

12. No utilices las redes sociales como referencia, no son válidas de ninguna manera.

13. No utilices los vídeos de youtube o de vimeo como referencia, son considerados spam y no son válidos.

14. Evita de todos los modos utilizar directamente texto copiado de una página web, es detectado como plagio y es borrado.

15. Si te han borrado un artículo, no lo vuelvas a editar sin más, te lo volverán a borrar y cada vez será más difícil su reposición.

16. Si te borran un artículo no vuelvas a editarlo con el mismo texto, solicita ayuda antes de intentarlo de nuevo. Ponte en contacto con el editor que lo ha borrado para que te diga cómo debes mejorarlo.

17. Evita usar los adjetivos calificativos y cuantitativos porque el estilo de tu artículo puede ser promocional y será borrado.

18. No crees cuentas títere o duplicadas (una cuenta nueva de un mismo editor), siempre te pillarán.

19. Cuando te pongan un aviso (de promocional, plagio, no relevancia) no lo ignores, ponte en contacto con aquél que lo puso para que te ayude a mejorarlo.

20. Intenta "interactuar" con otros editores, interviniendo en los debates creados, hazte conocido y respetado mediante ediciones en temas determinados.

21. Evita usar las negritas, pues son consideradas "promocionales". Usalas solamente para resaltar el nombre o título del artículo.

22. Intenta ser un editor autoconfirmado para tener éxito, esto se consigue tras 50 ediciones.

23. No olvides agradecer las ediciones de aquellos que te ayudan en tus artículos. Esto se marca en el historial de ediciones, en la edición que acaba de hacer ese otro editor (marca "agradecer").

24. Evita cometer faltas de ortografía y gramaticales: las ediciones con muchos errores pueden ser calificadas de vandálicas y borradas.

25. Evita la falta de cortesía y respeto. Las personas que insultan o atacan a otras son inmediatamente bloqueadas y sus artículos pueden ser borrados.

26. No utilices nunca el "Asistente para la creación de artículos" sin haber leído antes el apartado "Peligros del asistente para la creación de artículos" de esta guía (pág. 93).

27. No olvides guardar tus cambios siempre que completes una frase o edición. Cuantas más veces le des a guardar más ediciones tienes.

28. Si te haces mucho lío con el editor por código puedes cambiar al editor visual directamente clicando en el lápiz de la derecha de la pantalla.

29. Al subir una foto nueva a Wikimedia Commons debes comunicar "que es trabajo propio".

30. Participa en la edición de los artículos interviniendo en los espacios de "Discusión" y no te olvides de firmar siempre tus comentarios.

Conclusión

Espero haberte ayudado para que tengas éxito en la edición de tus artículos o en la recuperación de un artículo que había sido borrado mediante una nueva edición siguiendo las instrucciones de este manual.

Te recomiendo que lo leas todo, pues es esencial para conocer la Wikipedia y para evitar los errores más comunes, aquello por lo que te han borrado tu primer artículo.

También es muy útil para adentrarte en sus trucos y secretos y para convertirte en Wikipedista de una manera rápida y funcional, aprovechando todo el conocimiento y todo el trabajo que he dedicado desde hace más de 10 años editando Wikipedia.

Si después de todo esto no has tenido suerte y sigues necesitando asesoramiento, no dudes en comunicarte conmigo. Puedes consultar mi página web o escribirme un correo electrónico a mi dirección personal. Estaré encantada de ayudarte.

https://belenboville.com/

belenbovillelt@yahoo.com

Novedades de enero 2020

Crecimiento Personal

Cartas desde el corazón

Los cuatro pilares básicos de las relaciones humanas

Beatriz de la Iglesia

www.cartas.guiaburros.es

Sociedades limitadas

Todo lo que necesitas saber sobre las S.L.

Borja Pascual

www.sociedadeslimitadas.guiaburros.es

El camino de la felicidad

Claves del desarrollo afectivo

Daniel Pérez

www.caminodelafelicidad.guiaburros.es

Nuestras colecciones

Guías para todos aquellos que deseen ampliar sus conocimientos sobre asuntos específicos, grandes personajes, épocas, culturas, religiones, etc., ofreciendo al lector una amplia y rica visión de cada una de las temáticas, accesibles a todos los lectores.

Guías para gestionar con éxito un negocio, vender un producto, servicio o causa o emprender. Pautas para dirigir un equipo de trabajo, crear una campaña de marketing o ejercer un estilo adecuado de liderazgo, etc.

Guías para optimizar la tecnología, aprender a escribir un blog de calidad, sacarle el máximo partido a tu móvil. Orientaciones para un buen posicionamiento SEO, para cautivar desde Facebook, Twitter, Instagram, etc.

Guías para crecer. Cómo crear un blog de calidad, conseguir un ascenso o desarrollar tus habilidades de comunicación. Herramientas para mantenerte motivado, enseñarte a decir NO o descubrirte las claves del éxito, etc.

Guías prácticas dirigidas a la salud y el bienestar. Cómo gestionar mejor tu tiempo, aprenderás a desconectar o adelgazar comiendo en la oficina. Estrategias para mantenerte joven, ofrecer tu mejor imagen y preservar tu salud física y mental, etc.

Guías prácticas para la vida doméstica. Consejos para evitar el cyberbulling, crear un huerto urbano o gestionar tus emociones. Orientaciones para decorar reciclando, cocinar para eventos o mantener entretenido a tu hijo, etc.

Guías prácticas dirigidas a todas aquellas actividades que no son trabajo ni tareas domésticas esenciales. Juegos, viajes, en definitiva, hobbies que nos hacen disfrutar de nuestro tiempo libre.

Guías para aprender o perfeccionar nuestra técnica en deportes o actividades fisicas escritas por los mejores profesionales de la forma más instructiva y sencilla posible,

Autores para la formación

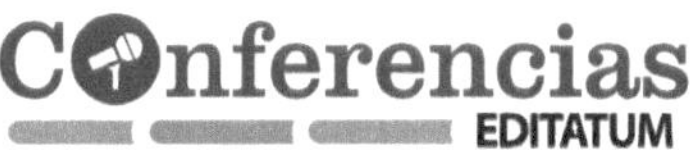

Editatum y GuíaBurros te acercan a tus autores favoritos para ofrecerte el servicio de formación GuíaBurros.

Charlas, conferencias y cursos muy prácticos para eventos y formaciones de tu organización.

Autores de referencia, con buena capacidad de comunicación, sentido del humor y destreza para sorprender al auditorio con prácticos análisis, consejos y enfoques que saben imprimir en cada una de sus ponencias.

Conferencias, charlas y cursos que representan un entretenido proceso de aprendizaje vinculado a las más variadas temáticas y disciplinas, destinadas a satisfacer cualquier inquietud por aprender.

Consulta nuestra amplia propuesta en www.editatumconferencias.com y organiza eventos de interés para tus asistentes con los mejores profesionales de cada materia.

www.editatum.com